地方工務店の逆襲

株式会社ロゴスホールディングス
代表取締役社長
池田雄一

知道出版

はじめに

日本の「家づくり」のイノベーションに挑む

皆さんは、日本の家の価格は適正だと思いますか？

私は長年、疑問に感じてきました。

昔から大手ハウスメーカーでは、たとえば３０００万円でお客さんと契約した注文住宅の案件を、下請けの工務店に「２０００万円でやってくれ」と丸投げして工事させています。そして、そのハウスメーカーは１０００万円の差額を利益にするのです。

何か変だと感じませんか？

注文住宅を依頼した人は「自分は３０００万円の家を建てた」と誇らしげに思っています。

ところが、その家の価値は実際には２０００万円です。１０００万円の利ザヤを勝手に抜かれているというわけです。

こうした仕組みを知れば、誰だって「最初から2000万円で工務店に直接頼んだほうがいいじゃないか」と思うはずです。

私は、こういったシステムや慣習を根本的に変えたいという信念で、これまで独自の方法による家づくりに取り組んできました。

私は、北海道の帯広市に本店を置く「株式会社ロゴスホーム」という戸建ての注文住宅会社を創業し、現在は「株式会社ロゴスホールディングス」の代表取締役社長として、住宅事業を行うグループを経営しています。

北海道での家づくりのノウハウをベースに、東北や北関東にも事業領域を拡大し、28拠点（2024年3月現在）を展開しています。

2024年6月に、東証グロース市場に上場を果たし、次の成長に向けて新しい施策を進めているところです。

私たちの家づくりのコンセプトは、

「高品質・高性能な住まいを適正価格で多くのご家族へ」

というものです。

十勝地方には日本で一番寒い町・陸別があります。そんなエリアでも家の中では半袖でいられるほど暖かい「住宅性能」。

暖房料金はしっかり抑えるように考えられている「省エネ性能」。

そして、北海道で働く誰もが手の届く「価格設定」。

この3つが揃った「十勝型住宅」を日本一の家としてお届けしています。


私は20代の頃、一級建築士として設計事務所に勤務し、懸命に働きました。その後、大手ハウスメーカーに転職し、設計担当者として多くの家を作り上げてきました。

そんな経験のなかで、「こんな家づくりをしていてはいけない！」と危機感を感じる場面が幾度となくありました。

そして、「自分で納得のいく家づくりをしたい！」という気持ちが沸き上がってきて、2003年に独立を決意しました。


ロゴスでは、大手ハウスメーカーが当たり前のように採用してきた「下請方式」は行っていません。

下請け工務店を介さず、私たちが直接契約している職人さん・大工さんの手によって工事を行う「直接施工方式」というスタイルをとっています。

現場での施工を下請け業者に丸投げし、差額を抜くような仕事は一切しません。

また、大手ハウスメーカーでは、最初に大きめの価格を提示し、お客さんの顔色を見ながら値引きすることもよくあります。一瞬、「安くしてもらった。よかった、よかった」と錯覚するかもしれませんが、それは真っ当なビジネスではありません。

私たちは、最低限必要な利益はどのお客さんからも公平にいただきますが、それ以上のものは決していただきません。

そうした透明性の高い料金システムによる家づくりを徹底しています。

大手ハウスメーカーが注文住宅を建てる際の粗利は、25～35％程度に設定されていることが多いです。1棟3000万円の住宅なら、750万円～1050万円の粗利益額になる計算です。

私たちの場合、1棟あたりの粗利益率は18％と他社より圧倒的に低く設定しています。それにより、他社よりも低価格で販売できるところに強みがあります。家を建てる側からすると、同グレードの住宅が何割か安く手に入るのですから、良いことですよね。

しかし、売上だけ伸びても会社が赤字では意味がありません。

ロゴスホールディングスの営業利益率は、大手と遜色のない5％程度を確保しています。粗利益率を抑えても、十分な営業利益率を出せているのは、DXやデジタルマーケティングを使った「移動時間をゼロにする家づくり」により、販売管理費のコストを低く抑えることができているからです。社内の効率を追求し生産性を高めることにより、高品質低価格を実現しています。

2021年に「株式会社ロゴスホールディングス」が発足しました。

現在のグループ企業は、ロゴスホーム、豊栄建設、ギャラリーハウス、ルートリンクとフィリピンにある子会社の5社です。

豊栄建設は、北海道札幌市を本拠に展開している注文住宅会社です。

ギャラリーハウスは、栃木県宇都宮市で注文住宅とリノベーション事業を提供する会社です。

ルートリンクは、ＤＸ事業とオフショア事業（海外への業務委託）を中心に住宅業界のデジタル効率化の支援を行う会社で、北海道札幌市に本社を置いています。

フィリピンの子会社は、ルートリンクの実働部隊とも言える会社で、住宅オフショアＣＡＤサービスを展開しています。

ロゴスホールディングスは、こうした事業展開を通して住宅業界における日本一のグループ企業になることを目指しています。

そして、日本の家づくりを真っ当なものに変革していきたいと考えています。

同じ志を共有する地域ナンバーワンの工務店の集合体を作り、ともに成長し、新しい家づくりのカタチを地域から発信したい——。

こうした想いから出版に至りました。

ぜひ、本書をご一読いただければ幸いです。

地方工務店の逆襲

目次

第1章　過酷な環境で鍛えられて辿り着いた「十勝型住宅」 29

第2章 ロゴス独自の集客と営業方法 79

第5章 日本大変革後はロゴスの時代〈未来の家づくり〉

序　章

予測できない未来を見きわめるために

勤めていた大手ハウスメーカーが倒産！

「おい、おまえの会社、危ないぞ！」

２００３年の年明けのこと。ハウスメーカーの帯広営業所に勤務していたある日、取引先の友人からそんな電話が来ました。

「まさか。いい加減なことを言うな」

どうせ、ガセネタだろう。私は心の中で、友人からの情報を一笑に付しました。社内ではそんな話は全く耳にしたことがありませんでした。給料も遅配することなく受け取っていました。

私が勤めていた会社は、半世紀以上の社歴がある当時御三家と呼ばれるほど大きなハウスメーカーでした。何千人もの社員を抱えており、ピーク時には年商２３００億円の売り上げがありました。どう考えても安泰な会社です。

倒産なんて、あり得ない……。

ところが、まもなくそのハウスメーカーは本当に倒産してしまったのです。

青天の霹靂とはまさにこのことです。

破綻直前には、年商は２００億円程度まで落ち込んでいました。


そのとき、私は30代でした。

ちょうど多くの人が家を建てたいと考え始める年頃で、そうした友人たちの要望を聞いて、どんどん家を建てさせてもらっていました。

それが突然、倒産！

住宅会社が倒産すると、工事代金を払ったのに未着工や未完成のままになるという事態も生じます。また、工事の追加費用が発生したり、アフターサービスやメンテナンス、定期点検が受けられなくなってしまいます。

本当にショックで、家を建てさせてもらった友人たちには「申し訳ない」という思いでいっぱいになりました。


いったい、何が悪かったんだろう？

いろいろ考えているうちに、大手ハウスメーカーの仕事のやり方に対する疑問に突き当たりました。

まさに、そこにこそ原因があったのです。

当時も、今もそうですが、大手ハウスメーカーは傘下に下請けの工務店をいくつも抱えています。

その工務店には設計士や現場監督、大工さんがおり、そこにハウスメーカーが営業して取ってきた案件の施工を丸投げするのです。そして、利ザヤを中抜きして稼ぐ。

いわゆる「丸投げ体質」です。

そうした不適切な商売のやり方が積もり積もって、そのハウスメーカーへの周囲の信頼が揺らいでいったのでしょう。

大手ハウスメーカーの家の建て方にも疑問がありました。

昔は、ハウスメーカーでは、間取りや仕様などについて、東京などの都市を基準にした家づくりを行っていました。

ハウスメーカーの本社はだいたい東京や大阪で、そこからパンフレットが送られてきて、それに基づいて、どの地域でも家が建てられていました。

私は北海道の帯広出身で、北海道を知り尽くしています。広い敷地、その場所の風土などを考慮すると、都会型の間取りや仕様はどうにも合わないのです。デザインひとつ取っても風景にマッチしません。

これはその地で生活しないとわからないことです。昔からの生活様式などを考慮した家でなければ、到底快適に住むことはできません。

こうして私は、「その土地に合った家づくり」という根本から見直すことにしたのです。

ヒートショックによる死亡事故が少ない地域はどこ？

家の性能は、ときに人の生死にかかわります。

「ヒートショック」の問題はご存じでしょうか？

屋内に温度差があると、人間は急激に血圧がアップダウンします。その結果、心筋梗塞や脳梗塞、脳出血などを起こして亡くなってしまうことさえあります。

では、日本でこのヒートショックによる死亡事故の少ない地域はどこだと思いますか？

実は、北海道なのです。


本州の方々は、寒さの厳しい北海道は、さぞやヒートショックが多いだろうと考えるのではないでしょうか。

しかし、むしろいちばん多いのが関東です。

関東のように、季節による温度差の少ないところでは、夏の暑さを基準に家が設計されています。夏を涼しく過ごすために隙間が多く作られています。

一方、冬になると、ダイニングや各部屋は暖房が効いています。

あるいは「採暖」という言葉がありますが、関東では各部屋でストーブやコタツなどで暖をとります。しかしながら、廊下や浴室、トイレなど暖房のない場所はとても寒い。この温度差がヒートショックの原因になります。


一方、北海道の家は、家全体を暖めるので、どこも温度が一定です。トイレも浴室も温度差のない暖かい作りになっています。

よくお聞きになることだと思いますが、北海道は真冬でも家の中ではTシャツ1枚で過ごせます。

アイスクリームの消費量は夏よりも冬のほうが多いくらいですから。

これこそが寒い地域の家づくりのポイントなのです。

衰退していく地域の住宅文化を立て直したい

ロゴスホールディングスの経営理念は、

「**日本の家づくりをつくる。**」

というものです。

私は独立して、まず地元・十勝での家づくりに着手しました。

ハウスメーカー時代に一緒に働いていたメンバー3人でロゴスホームを立ち上げまし

た。

起業された方はよく創業時の苦労話をされますが、私たちはありがたいことに創業当初から、家を建てたいという知人が数名契約をしてくれたので、受注に困ることもなく順調な船出をすることができました。

ハウスメーカー勤務時に個別に信用を得ていたこともあって、腕のいい職人さんも快く協力してくれましたし、材料メーカーさんや業者さんも手厚くサポートしてくれました。

当時は、家を建てる方には住宅金融支援機構（旧・住宅金融公庫）で住宅ローンを組んでいただいていました。しかし、私たちは先にお金をお支払いいただいて、それから施工に入ります。いろいろな専門の職人さんには2か月ほど後に支払う仕組みになっているので、一生懸命に家づくりに集中することができます。

また、創業当時に私の友人から「三世帯住宅を建てるから」と依頼されたのもとてもありがたいことでした。まだ名もない、実績もない創業時の私どもに、当時、5千万の家を発注してくれた。これは滅多にないことです。「それだけ信用してもらっている」ということに感謝するとともに、大きな励みにもなりました。

今、地域の住宅文化は衰退の一途をたどっています。

私はこれまで住宅事業にかかわってきたなかで、日本の住宅の多くを建築している地場の工務店が「後継者不足」や「事業の効率化ができない」ことなどによる「事業継続の困難」という課題を抱えていることを痛感しました。

大手ハウスメーカーの商品はハイスペックではあるものの、一般の人たちにとってはあまりにも高価です。

ですから、地場の工務店は、日本国民に住まいを提供する上で、これからも重要な存在であり続けると認識しています。

したがって、自分たちでこうした問題を解決し、地域の住宅文化を立て直したいと考えるようになりました。

原材料価格やエネルギーコストの高騰など、国内の事業環境は厳しくなっています。地域の工務店は規模の小さいところが多く、こうした環境変化に単独で対応することには限界があります。

住宅建築にかかわる人たちの働き方や生産性の改善も含めて、地域の工務店の経営を安定化させるためにはどうすればよいのか？

私はその解決策の一つとして、各地域でプライドを持って特長のある家づくりを実践しているホームビルダーがアライアンスを組んで、困難を一緒に乗り越えていく道を模索しています。

第1章

過酷な環境で鍛えられて辿り着いた「十勝型住宅」

「ツーバイシックス工法」「ハウジングカフェ」が大ヒット

創業の地である北海道の十勝は、冬はマイナス25度の寒さになります。しかも、あまり知られていませんが、実は、夏は35度くらいになることもあります。寒暖差が60度ほどもあって、おまけに強風も吹きます。

日本のなかでも、これほどの寒暖差があって、気象条件の厳しい地域はあまりないのではないかと思います。

そうした環境のなかでも快適に暮らせる家を、十勝の地元企業に勤めている人でも無理なく買える価格設定の家を作ろう。それが独立にあたって自分に課した目標でした。

際限なくお金をかければいくらでも高性能の家を建てることができます。でも、限られたお金持ちにしか建てられないような住宅では意味がありません。

また、よく「家は3回建てないと納得のいく家はできない」などと言われます。

これもおかしな話です。

家づくりは人生でいちばん高い買い物。そんなことは、よほど経済的な余裕のある人でなければ現実的には難しいことです。

私は、高性能で、かつ地元の一般人の収入で建てられ、家族が安心して快適に暮らせる住宅を提供したいと考えています。「自分の友人などに自信を持って提供できる家」を作っているつもりです。

ハウスメーカーでは苦い経験をしましたが、友人や知人に限らず、「十勝の皆さまに顔向けのできないようなことは一切しない」「絶対にいい家を提供していこう」と意気込んで仕事に励んできました。


さて、ここからは工法の話に少しお付き合いください。


木造住宅には大きく分けて、在来工法である「木造軸組工法」と2×4（ツーバイフォー）と言われる「枠組壁工法」があります。

木造軸組工法は、柱・梁・筋交いを組み合わせて骨組みを作ります。

一方、枠組壁工法は、壁パネルを組み合わせて家を作ります。2インチ×4インチの角材をもとにパネルが作られるため、ツーバイフォーと呼ばれるようになりました。

実は、十勝は日本のなかで最も枠組壁工法による新築住宅の比率が高い地域です。現在はグループ全体でさまざまな工法を用いていますが、ロゴスホームが最初に導入したのも枠組壁工法でした。

しかも、ツーバイフォーをさらにアップグレードさせた「2×6（ツーバイシックス）工法」を採用しました。

ツーバイシックス工法は、2×4よりも強い2インチ×6インチの角材を使います。

2×6工法は、6面で構造を支えるのでより強い構造体になります。一般的な2×4工法と比べて約2・5倍もの強度があります。

また、柱を太くすることで、断熱材も厚くすることができます。こうして、寒さや暑さに影響を受けない室内環境を整えたのです。

十勝の風土に精通していますから、寒暖差や暴

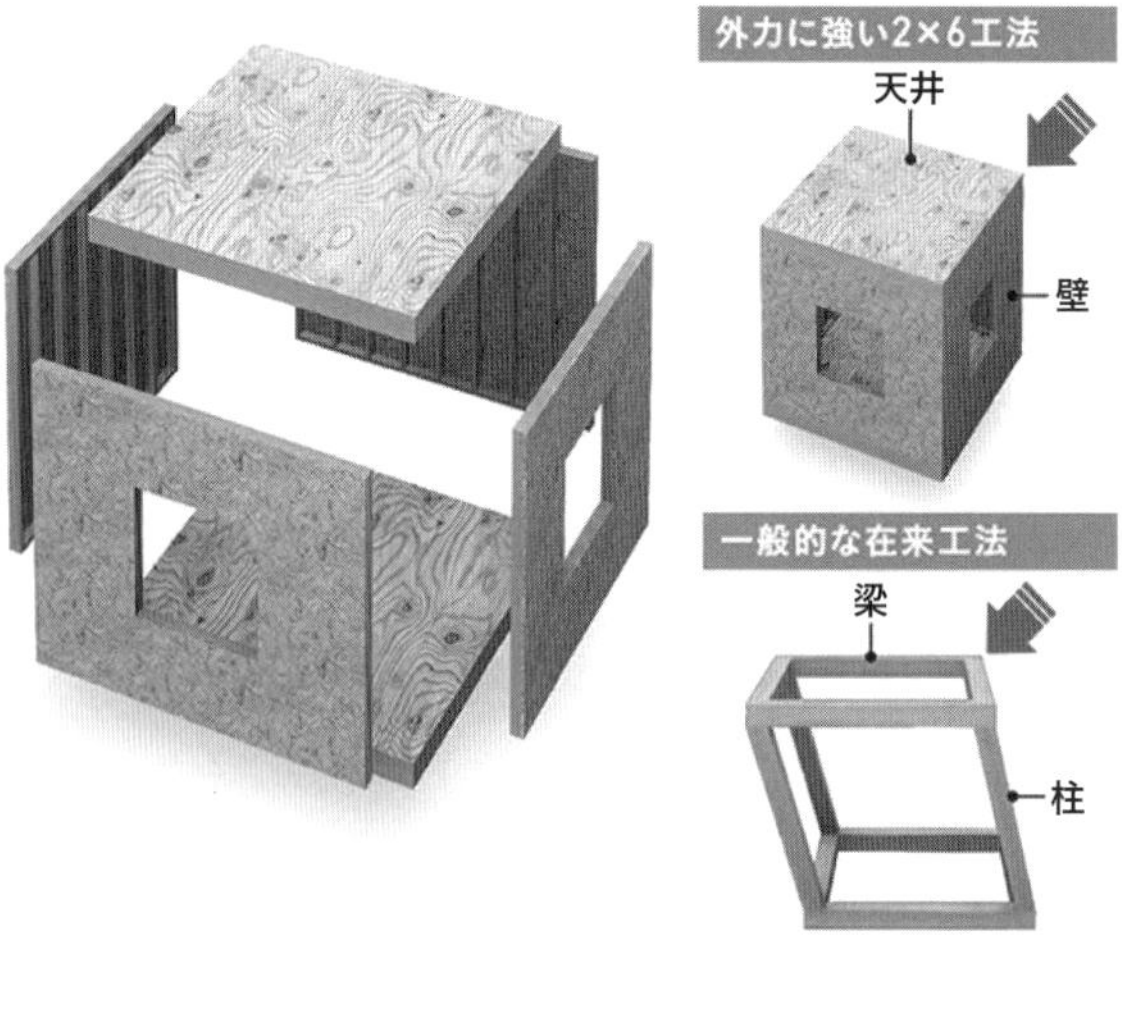

風雨、降雪などの厳しい気象条件に合う構造を考え抜いた末のことでした。

また、地震に強い「ベタ基礎」という基礎を採用し、耐震基準を十分にクリアさせました。ベタ基礎は接地面積が広く、地耐力が低い地盤でも施工でき、地盤の沈下を防ぐことができます。

さらに、今では一般にも広く普及していますが、全棟で床暖房を標準採用することにし、快適な空間を追求しました。

今でこそさまざまな工法を導入する企業がありますが、この「2×6・ベタ基礎・床暖房」の3点セットを標準仕様とした住宅会社は、当時はかなり珍しかったのです。

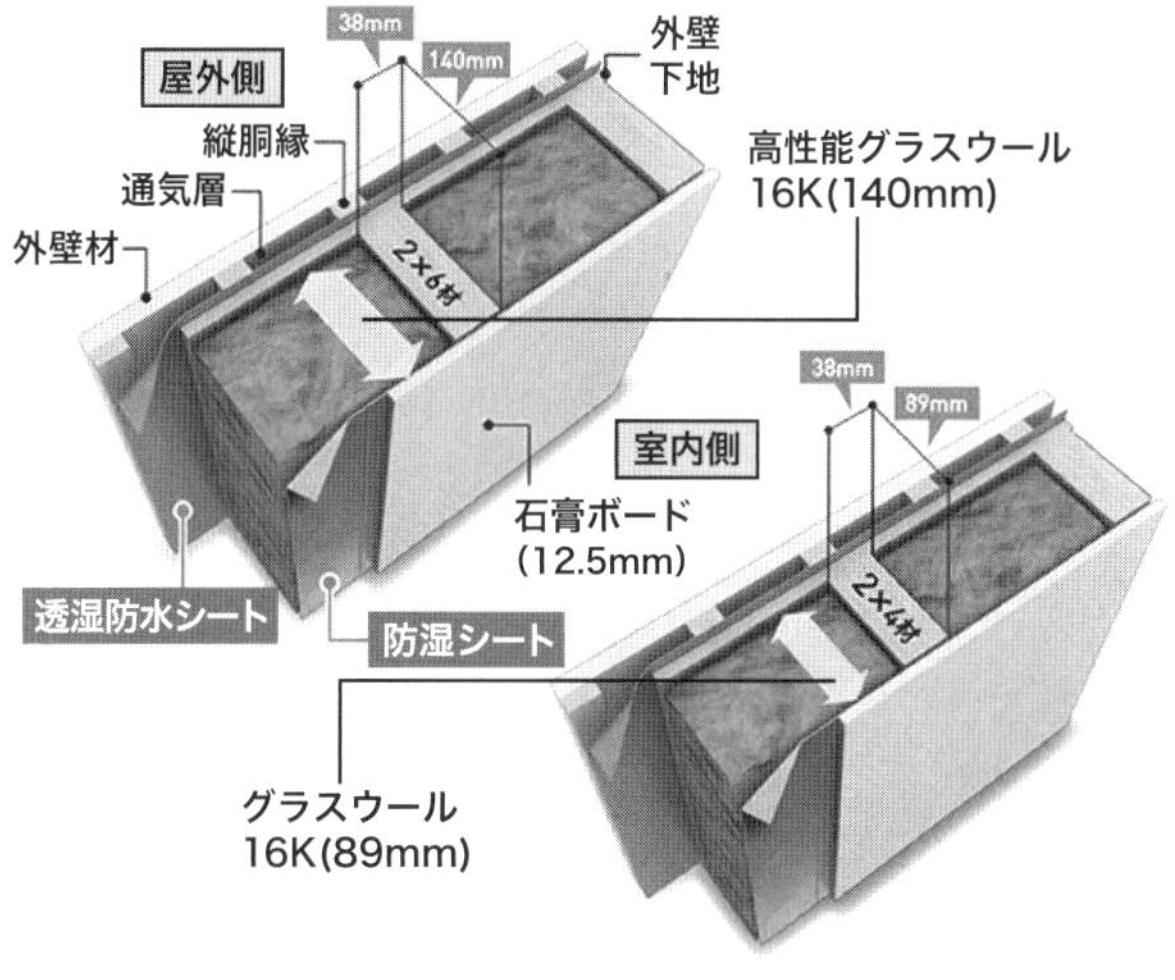

お客さんに合わせて、「2×6にしましょう」とか「床暖房にしましょう」と、個別に対応するのが一般的でしたが、私は自分が自信を持って提供できる家を作りたいと考えたので、「2×6・ベタ基礎・床暖房」を標準仕様とし、なおかつ低価格で提供することにこだわったのです。

当時は一般に、住宅は「窓はこうしよう」「キッチンはこうしよう」「トイレはこうしよう」といったお客さんそれぞれの要望を聞いて、注文どおりに仕様を設計して組み上げていったものです。

たしかに、それがお客さんの要望どおりの家づくりだったのかもしれません。

しかし､そこには予算も何もあったものではない。まるで値札のない寿司屋のようです。考えてみると、それは家づくりの素人であるお客さんの見栄と期待感だけで作られた家でした。

いざ住んでみて、「あれ？　これは不便だ」「こんなはずではなかった……」という結果になりがちなのです。

実際に、多くの方がのちにリフォームを繰り返すのを見ていると、「もったいないなあ」

という思いに駆られます。

ですから私は、この標準仕様の家を「商品住宅」としました。定価があり、仕様も性能も決まっている。一軒の家を〝商品〟として定価販売することにしたのです。

ある程度の家の構造や仕様を決めておくので、その性能や住み心地があらかじめ実際にわかります。

「このような家で、この快適な住空間がこの価格で手に入りますよ」と訴求しました。

「この土地に建てるなら絶対にご満足いただける家」という商品を生み出したのです。

もちろん、細かい部分にはお客さんの意向を反映させて、スペックを選ぶこともできます。

当時は坪単価が33万9000円でした。この価格で「2×6・ベタ基礎・床暖房」が標準装備で、キッチンやトイレなど最新の設備が揃っていました。

こうした家づくりを実現できる住宅会社は他にはどこにもありませんでした。

だからこそ、これが大ヒットになったのです。

その後、社会的にも省エネが叫ばれるようになってきました。太陽光発電がだんだん広まってきた時代です。

私たちも、これをなんとか商品に組み込みたいと考えました。

ただ、太陽光発電を完備するにはソーラーパネルを設置しなければなりません。それはまだ高額でしたので、いろいろと工夫を取り入れて、提供できる価格に抑えることができました。

その〝工夫〟というのは、設計の費用をカットすることでした。家の間取りなどは固定されているので、初めから設計士を入れずに、その分の費用を設備に充ててコストを抑えることに成功したのです。

ハウジングカフェ

これが「ハウジングカフェ」というブランドです。

これもまた大評判になりました。

新しい家づくりのスタイル「ライブ・フォーカス」

ハウスメーカーに家づくりの相談をすると、

「ご要望をお聞かせください」

と最初に聞かれます。

私は「それって、どうなのかな？」と思っています。

一般の人は住宅建築の素人です。いきなり、「要望を」と言われても困ってしまいます。

「何が欲しいか？」「もっと良いものはないか？」と迷い始め、何を優先順位として考えればよいのかがわからなくなるのです。

ハウスメーカーに勤めていた頃、こんなことがありました。

以前担当したお客さんから「娘夫婦の家を建ててほしい」と相談を受けました。

その家の奥さんは看護師さんとして昼夜を問わず働き、仕事に家事、そして育児に追われる毎日を過ごしていました。

だからでしょう。プランの打ち合わせを進めていくなかで、旦那さんから「キッチンに食洗機を入れてほしい」という要望が出ました。

当時、キッチンビルトインの食洗機は発売されたばかり。まだ高価で、一般的には贅沢品というイメージでした。

奥さんの意向は、「そんな高価なものは結構です。それよりもリビングを広くして、外壁のランクを上げたい」というものでした。

そのとき、旦那さんはこう言ったのです。

「普通に考えれば贅沢かもしれませんが、そもそも僕が家を建てたいと思ったのは、仕事で忙しい妻が家事にかける時間を少しでも減らし、家族全員での団欒の時間を増やしたいと思ったからです。そういう暮らしがしたいからこそ家を建てるのであって、そのために必要なものなら決して贅沢品ではありません」

私は、ハッとして言葉を失いました。

それまで、お客さんから家づくりの相談を受けたとき、最初に、

「まずご要望をすべておっしゃってください。そのなかから予算の範囲で、叶えられるものを優先していきましょう」

と聞いていきました。

でも、それこそが間違いだったのではないか？

そう気づかされたのです。


「ご要望」とは何でしょう？

因数分解してみると、３つに分類されることがわかります。

①大切なもの（どうして家が必要なのか？　どんな暮らしをしたいのか？　など）
②必要なもの（居住性や立地など）
③欲しいもの（なくても困らないもの）

客観的に考えれば、「大切なもの↓必要なもの↓欲しいもの」という順で考えるのが普通です。

ところが、家づくりの現場ではこの3つが「ご要望」という言葉でひとくくりにされ、同じレベルで扱われているのです。

これが「家は3回建てないと納得のいく家はできない」という現実を作り出してきたのだと思います。

重要なのは、**「大切なもの」を最優先に考えること**です。

家族によって、またお客さん一人ひとりによって、大切なものはそれぞれ違います。そのことを見失わないようにしなければなりません。

それをきちんと整理した上で、家づくりに生かすことが大事なのです。

こうした考え方をのちに、**「ライブ・フォーカス」**というコンセプトにまとめ、それが

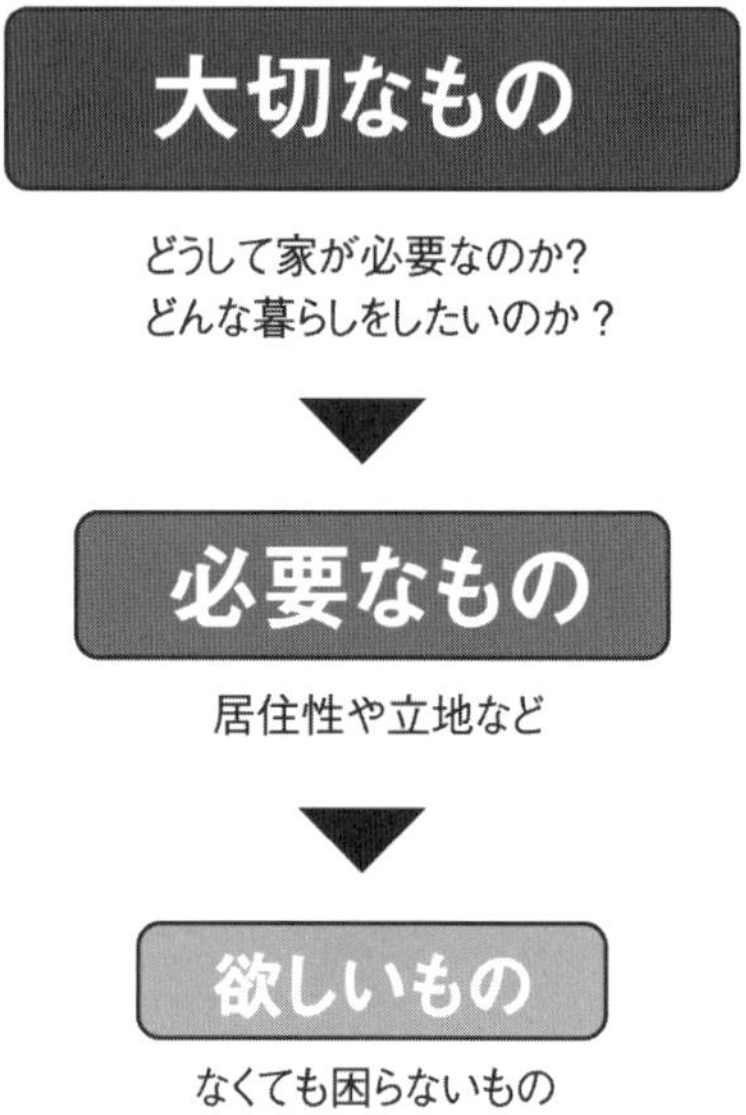

私たちの家づくりの指針のひとつになりました。

家族それぞれが好きなコトや好きなモノを分かち合う。家族が大切にする生き方・暮らし方にフォーカスすることから始める。

それがライブ・フォーカスであり、**家族の「好き」から発想する、自由で新しい家づくりのスタイル**だと考えています。


ただ、それぞれのご家族に「大切なものは何ですか？」と伺っても、それに答えるのはなかなか難しいものです。

そこで、私たちはお客さんに現在の家の「好きな情景」の写真を撮ってきていただき、それをもとに大切なものを見つけ出し、それを家づくりに生かしていくことを提案しています。

住宅建築の「適正価格」って何？

家づくりにおいて「適正価格」とはどういうものでしょうか？

これまで私は５００件以上の住宅設計を手がけてきました。

そのなかのお客さん誰一人をとっても、

「いくらお金がかかっても構わないから、私たちにとって最高の家を作ってください」

という人は皆無でした。

当たり前の話です。

普通のサラリーマンの方はもちろん、どんなにお金持ちでも、必ず予算の上限はあります。

なかには、1円でも安くしたいと、とにかく「値引きを！」というお客さんもいらっしゃいます。

家は高価な買い物です。

「少しでも安く購入したい」

その気持ちはよくわかります。

しかし､安易に「安くして」「値引きして」という前に考えてみてほしいことがあります。

それは、

「その値引きは誰が負担するのか？」

ということです。

「経営努力で当社が負担します」という会社もあるかもしれません。

でも、住宅会社はボランティアでやっているわけではありません。

利益を出さなければ、企業として存続することはできません。

結局、そのしわ寄せがくるのは、「少しでも良い材料を入れたい」と努力する取引業者さんや、「心を込めて良い家を作ろう」と願う職人さん、「お客さんに少しでも喜んでもらいたい」と寝る間も惜しんで図面を仕上げるスタッフたちです。

家づくりには多くの人がかかわります。そして、引き渡した後も何十年にもわたってメンテナンスを続けていきます。

そうした仕事に携わる人たちが、理不尽に賃金を下げられたり、無理な仕事を強いられたりしたのでは、「お客さんに満足してもらえる家づくりをしよう」という気持ちも消え失せてしまうでしょう。


もちろん、「高くてもいい」と言うつもりは全くありません。

ただ、**「値引き」や「サービス」という形で値段を下げるのは間違い**だと思うのです。


「家」には他の商品では当たり前の「定価」というものが存在しません。

あるのは、その住宅会社が作った「見積書」だけです。

そもそも、何百万もの値引きができるのは、その分を見越して最初から見積書に上乗せしているからです。

そこには、「お客さんのために良い家を作ってあげたい」という気持ちではなく、「何も言われなければ、ふっかけてやろう」という、儲けのことしか考えていない卑しい心根があるのです。


低価格で良い住宅を作るのは、住宅会社として当然の義務です。

でも、それは値引きなどではなく、スケールメリットを活かした計画的な資材調達や無駄を省く業務の効率化で実現しなければいけません。


どんなお客さんに対しても同じように、最初から「適正価格」を正々堂々と提示すること。

それがお客さんと住宅会社の信頼を築き、良い家を作るための最低条件です。

家づくりで大切な優先順位

私たちは、なぜ「家を建てたい」と思うのでしょう？

おそらく、この疑問に明快に答えられる人は少ないのではないでしょうか。

私が25歳で初めて我が家を建てたときもそうでした。

しかし、この答えこそ、私が家を建てる前にいちばん知りたかったことだったのです。

納得のいかない家をつくる人を一人でも減らしたくて、私はこれまで〝常識〟とされていた家づくりの優先順位を見直しました。

お客さんの家に対する想いや考え方、新しい家でどんな生活を望んでいるのか？

限られた予算や敷地などの条件のなかで、その人の家づくりにおいて何がいちばん重要なのか？

私たちは、この「家づくりに最も大切なカギ」をお客さんと一緒に考え、しっかりと決めた上でデザイン・機能性・そして価格とのバランスのとれた家づくりを進めていきたいと考えています。

いくつかの住宅会社を転々と回って、ロゴスに話を聞きに来られたお客さんは、私たちのハウスプランナーとの最初の面談の内容に驚かれます。

「今まで、こんなことを聞かれたことはなかった！」

「どうして家を建てたいのか考えたこともなかった。ただ、まわりの同年代の人が建て始めたから、なんとなく自分も……」

そうした声が聞かれます。

そして、面談を通して、

「家を建てる理由が明確になりました！」

と明るい表情になるお客さんが少なくありません。

私たちは、単に家を売る会社ではありません。

お客さんと一緒にコンセプトから考える家づくりを目指しています。

家は単なるハコではありません。

住宅会社は、家ではなく、豊かで幸せな暮らしを提供する企業なのです。

これが、私たちの提案する「1回で納得できる家づくり」です。

各分野のプロが役割分担するワンチームでの家づくり

かつて設計事務所に勤務していたときは、担当するお客さんについて打ち合わせから図面を引くことなど、すべて一人の設計士がこなすことが少なくありませんでした。

そのための予算はあるのですが、専門的に不慣れなことまで担当しなければなりません。

ですから、こうしたやり方はお客さんにとってはデメリットになることもあります。

その後、私が設計事務所からハウスメーカーに転職したとき、ものすごく驚いたことがありました。

それは、

「設計士が設計をしていない」

ということでした。

普通、設計事務所では、お客さんの家に対する考え方や想い、新しい家でどんな生活を望んでいるかなどを直接聞いて、図面という形に置き換えてプランニングします。それはとても重要な仕事です。

そして、その仕事をするのは設計士をおいて他には誰もいません。

ところが、転職したハウスメーカーではその大事な仕事を、設計の勉強をしたことも経験もない営業担当者が行っていました。

「え？　では自分は設計士として何をすればいいんだろう？」

そう思ってまわりを見回してみると、設計士の仕事は、営業担当者が書いてきた下書きの図を、法規や構造をチェックして、キレイな図面に書き直すことでした。

「それって、ちょっとおかしいのでは？」

当時、ずっとそんな疑問を抱きながら仕事をしていました。

本来、営業担当者の役割は、お客さんに合った土地を探してきたり、ライフプランに合う資金計画を提案したりすることのはずです。

でも、営業担当者が土地探しから設計まで全部を行う。それが住宅業界の常識だったのです。

そうやって完成した家を横目で見ながら、私はこう思っていました。

「設計士や営業担当者がそれぞれプロとしての専門を生かしてお客さんにかかわれば、本当はもっと良い家ができるのに……」と。

ロゴスでは、「家づくり」を単に家を建てるだけではなく、「幸せな暮らし」を届ける仕事だと考えています。

そのため、専門性の高い部門別のスタッフによる「チーム制」を取り入れています。

設計士やインテリアコーディネーター、工事監督、アフターサービスの担当者などが分業し、各分野の専門スタッフが高いプロ意識を持って、より満足していただける提案にベストを尽くしています。

基本的には、営業、設計、インテリアコー

ONE TEAM
営業
末長く、お客さんの暮らしのデザインをお手伝い
インテリアコーディネーター
内・外装のコーディネートを通じて心地よい住まいづくりのパートナーに
お客さん
設計
それぞれのライフスタイルに合った家のイメージをカタチに
工事
50年、100年安心に住み続けられるようしっかり安心をサポート

ディネーター、現場監督の4人で1つのチームを組み、一軒の家を作っています。

私たちは「**分業の分業**」という言い方をしています。

つまり、営業なら営業の業務をさらに切り分けます。

それによって、営業の業務の幅が狭くなるぶん、税金やローンの知識に特化した営業、物件の設備の知識に特化した営業といったように、ある分野に特化したスペシャリストの集団を目指しています。

お引き渡し後も、定期的なアフターメンテナンスはもちろん、家づくりにかかわったスタッフがご自宅にお伺いする感謝訪問やOB感謝祭などを実施し、お客さんとのつながりを大切にして「幸せな暮らし」を一緒に創るパートナーを目指しています。

〝100年住宅〟という幻想

よく〝100年住宅〟と銘打った広告を目にすると思います。

住宅会社が「構造100年保証」などと謳っているのですが、そうした家を買った人が本当に築１００年まで住み続けるでしょうか？

ほとんど、そのままの状態では住まないと思います。

実際、統計的に、家を建てて20年ほどで80％の人が住み替えていることがわかっています。

でも、これをお客さんにそのまま言うのは憚られます。

なぜかというと、ほとんどのお客さんは30年とか35年の長期ローンを組んで家を建てることを計画します。だから、当初は「一生、住み続けよう」と考えます。

そうした方に「皆さん、20年そこそこで住み替えていますよ」とは言いづらいのです。


では、〝１００年住宅〟は構造上どこが違うのでしょうか？

実は、全く違いはありません。

だったら、家屋の資産価値が目減りしないうちに売ることだってできるはずです。

日本では昔からずっと、主が家を建てたら代々住むしかないものと考えられてきました。

しかも、中古住宅販売という業態が活発ではないので、ボロボロになるまで住んでいたり、廃墟同然になったりするまで放っておくことが多いのです。

家というのは「資産」です。

ローンを組んでお金を積み立てた現物がその人の家だとするなら、近年ようやく理解が進んできた「投資」という考え方もあります。

これからは社会も変化し、人々の考え方も変わっていくと思います。

私たちも、これまでどおりで良いという固定観念にとらわれず、時代に合ったお客さんのニーズに応えた戦略をとっていかなければなりません。

最近では、「当社が建てた家は必ず買い取ります」という戦略をとっている大手の建築会社もあります。

ロゴスでも、まだ公開はしていませんが、中古住宅販売の分野でも時代を先取りしたアイデアを持っており、近々新たな業態を立ち上げるつもりです。

大手ハウスメーカーが謳っている特殊工法で建てた家は、何十年か経って中古住宅になると、他の工務店がリフォームしづらく、中古住宅としての価値も付きにくくなるという問題があります。

しかし、私たちは一般的な工法を採用しているので、その後のリフォームもしやすく、中古住宅としての価値も高いのが大きな特徴です。

そうした事情を多くの方に知っていただき、私たちの新たな展開に期待してもらいたいと思っています。

卑近な例で申し訳ありませんが、私は以前十勝に住んでいたときに自身2軒目の家を建てました。

もちろん自分で家づくりを計画し、十勝でも見晴らしの良い場所を選びました。いわゆる「家づくりのプロが建てた家」ということになります。

その後、会社が拡張して札幌へ引っ越すことになり、十勝の家は売却することになりました。自分が思い描いたとおりの家だったので少々寂しい思いもしましたが、やむを得ませんでした。

その十勝の家はすぐに買い手が決まりました。しかも、建てたときと同じ金額で売却が成立したのです。

購入されたのはご近所の方でした。そのお子さんが通学途中、うちの前を通るときにいつも、「こんな家に住みたいな」と思っていたそうです。

そうした思い入れもあって、私の家を購入されたそうです。

このように、「中古住宅は資産になる」ということを多くの方に知っていただきたいと思います。

ロゴスでは、中古住宅販売という二次流通にも耐えうる品質の家をこれからも建てていきたいと考えています。

2024年6月、キャッチコピーを「**いい家を住み継ごう。**」に変更しました。「いい家」には、デザイン、資産価値、品質、価格などお客さんとご家族それぞれの考える形があります。

「住み継ごう」というのは、安い家を建てようという提案ではなく、100年でも持つ品質の良さがあるから引き継げるという意味です。

私たちは、何十年後かに売却する、賃貸にする、あるいは子どもや孫に引き継ぐなど、それぞれの事情に合わせた引き継ぎ方のできる家づくりを視野に入れています。

住宅を建てる際には、最初からこうした将来の資産性や流動性を考えておくことも大切なのです。

住宅に過剰なスペックは必要か？

大手ハウスメーカーに家づくりを依頼すると、過剰なスペックが付属されることが多く、どうしてもそのぶん高コストになりがちです。

たしかに、分厚い柱やコンクリート壁など、コストをかければ強靭な建物はできます。

でも、冷静に考えてみてください。

大手ハウスメーカーが作る5000万円の住宅を、ロゴスが3000万円で建てたとしましょう。

この2軒の家が20年後に不動産市場に出て売り出されたとします。

すると、どちらも20年を経た中古住宅ということで、立地条件などが同じであれば価格は同じ。つまり、建物の価値は同じになるのです。

ロゴスが3000万円で建てた家が20年後に1000万円の価値だとすれば、大手ハウスメーカーが5000万円で建てた家も、20年後には同じ1000万円の価値でしかないのです。

20年前の建物は、建てた時点で浴室からトイレからキッチンから、最新の設備だったたかもしれません。しかし、20年後の時点では「昔の古い技術でしかない」と判断されます。「それでも良いのですか？」と私は皆さんに問いたいのです。

判断の難しい問題ではあると思います。20年後に建て替えると言うと、「スクラップ・アンド・ビルド」という発想になってしまいます。

建物自体は大手ハウスメーカーで建てようと、ロゴスで建てようと、100年経てば基本的な構造の劣化度合いには変わりはありません。

私が言いたいのは「**過剰なスペックは必要ないのではないか？**」ということです。

私たちがローコストオペレーションによる住宅を提供している最大の理由が、まさにここにあります。

私自身、家を建てて30年になります。

この仕事をするなかで多くのご家族の人生を見てきました。家を建てた当時のままの姿のご家族などありません。

20年経てば、当時小さかったお子さんも巣立っていくでしょう。ご両親が年老いて施設に移られているかもしれませんし、新たな家族が増えることもあります。

20年を待たずとも、家族のライフスタイルや人生設計は年ごとに変化していきます。家を建てた後も、お子さんの教育費など出費は激増していきます。

そのときに、お金をかけてもかけなかった家でも同じ資産価値なのであれば、家に余分なコストをかけないほうが、その後の生活の自由度は高くなります。

たとえば、20年後に「その家に住みたい」という人が現れれば引き渡してもいいですし、中古で販売して老後の資金を蓄えることもできます。リフォームして住み続けることももちろんできます。

20年前に建てた家が、住む家族たちのライフスタイルと合わなくなったとしても「建てたときに多くのお金をかけたから」という理由でずっと住むことを強いられるよりも、資金に余力を残して、その後の人生の選択肢がたくさんあるほうがいいとは思いませんか？

最近の例ですが、「吹き抜けの室内にクライミングウォール（ボルダリング壁）を付けてほしい」というご要望がありました。

お客さんは今流行りのボルダリングが趣味だということで、壁を登れるように岩のような出っ張りを付けてほしいということでした。

私はふと、考えてしまいました。

「何十年か後にも、この人ははたしてボルダリングを続けているのだろうか？」と。

大手ハウスメーカーは、次々と新たな技術を開発して建物を進化させ、それに合わせて最新の設備を揃えるように勧めてきます。さらに、オプションでスペックが増え、どんどん値段が上がっていきます。それに納得されるのならべつに問題はありません。


しかし私は、「家のあり方はご家族のライフステージによって変わっていくのですから、それに対応できるようにしておいたほうが得策ではないでしょうか？」といつも提案しています。

家はライフスタイルではなく「ライフステージ」に合わせて建てる

前項で、ロゴスでは「1回で納得できる家づくり」を提案していると述べました。

「言っていることが矛盾しているじゃないか？」と思われたかもしれません。

しかし、これは必ずしも〝一生その家に住む〟ことを前提にするという意味ではありません。

納得できる家づくりをしないと、建てた住宅にいろいろと不満が出てきて、我慢しながら住み続けることになります。こんな虚しい事態は避けましょうということです。

そうならないためには、

「自分はなぜ家を建てるのか？」

ということを明確にしておくことが何よりも大事です。

もちろん、一生住み続けられる家があればそれが理想かもしれません。

でも、住む人の年齢や家族構成などによって、今の住宅が〝背丈に合ったもの〟ではなくなってくるのが普通です。

ですから、現在の住宅を中古で売却して、新たに家を建て替えるという選択肢も当然アリです。

そうした発想を起点に、ロゴスが強く提案している家づくりのセオリーがあります。

それは、

「家は、ライフスタイルではなく、『ライフステージ』に合わせて建てる」

ということです。

ライフスタイルは「個人の生活の仕方」です。今の時代、ライフスタイルは多様化し、人の数だけライフスタイルがあると言っても過言ではありません。

それに対して、**ライフステージは「家族を含めた年代別の生活状況」**です。こちらは、ある程度の類型化ができます。

ライフスタイルもライフステージも、どちらも時期によって変化していきます。

しかし、〝ライフスタイルに合わせた家〟を建てると、その時々の家族個々人の趣味や嗜好に大きく左右されてしまいます。

たとえば、「都会的な生活がしたい」とコンクリート打ちっ放しの無機質でクールなデザインの家を建てたけれども、突然キャンプなどアウトドアに目覚め、「木の温もりが感じられる山小屋風の家にすればよかった」と思っても後の祭りです。

あるいは、ヨーロッパ的な暮らしに憧れて洋館風の家を建てたものの、実際に住んでみて「ああ、やっぱり和風の家のほうが落ち着くかも……」と後悔しても時すでに遅しです。

ライフスタイルに合わせて家を建てると、えてしてこういった事態に陥ります。

一方、〝ライフステージに合わせた家〟というのは趣味・嗜好やデザインなどにはあまりとらわれず、その時々の年齢や家族構成などに応じた住環境、つまり「**住みやすさ**」「**住み心地**」**を最優先した住宅**です。

もちろん、そこに多少の趣味・嗜好をアドオンしてもいいでしょう。

人が「マイホームを建てよう」と思い立つのはどんなときでしょう。

いくつかのタイミングがあります。

- **結婚した**
- **子どもが生まれた**
- **子どもが大きくなった**

・子どもが進学する
・子どもが独立した
・夫婦2人の老後の暮らしの形が見えてきた
・離れていた両親を呼び寄せて暮らすことになった
・孫が誕生して子ども夫婦が実家に戻ることになった

などです。

たとえば、子どもが結婚して家を出たものの、将来は実家に戻ることを考えているのであれば、現在は夫婦2人暮らしであっても、早めに二世帯住宅を建てるという選択もあるでしょう。

これが「ライフステージ」に合わせた家づくりです。

ライフスタイルは〝点〟、ライフステージは〝線〟という言い方もできるでしょう。点の変化を追いかけていたらキリがありません。それよりもライフステージという自分や家族の生活の連続性を意識したほうが、はるかに満足できる家づくりができるはずです。

ひとたび家を建てても、将来、ライフステージの変化によっては住み替えの時期がくるかもしれません。

そう考えると、できるだけローコストな家づくりをするということも、とても重要になってきます。

「家は品質」です

多くの方にとって家は一生に一度の高い買い物です。

したがって、住宅会社は、品質の高い良い住宅を提供する取り組みを継続して行っていかなければなりません。

住宅会社の広告を見ると、どこも「高性能」という言葉を掲げて商品を提供しています。

しかし、以前は住宅性能についての基準が定められていなかったため、〝高性能〟といってもレベルはさまざまでした。一般の人は、実際にはどの程度の性能なのかを比較検討することはできませんでした。

2000年に施行された「住宅の品質確保の促進等に関する法律」に基づき、「住宅性能表示制度」が導入され、客観的な基準によって住宅の性能が評価されるようになりました。

住宅性能には10の分野があります。構造の安定（耐震性）、劣化の軽減（耐久性）、温熱環境（省エネ性）、維持管理更新への配慮、火災時の安全、空気環境、光・視環境、音環境、高齢者等への配慮、防犯、です。

しかし実は、これらの住宅性能は設計段階での審査によるものです。施工品質が悪ければ、設計どおりの性能は発揮されません。

そして、実際に設計どおりに施工しているかどうかは〝住宅会社次第〟なのです。

私たちは、実際に住宅を建てる事業会社が自社内で工事品質を検査するだけではなく、ロゴスホールディングスとして「品質検査室」を設置し、各事業会社の現場の品質検査と是正を行っています。

次に示すのは、品質検査のチェック項目の一例です。

□外壁合板の釘の間隔は適切か？
□防水シートの重ね幅は適切か？
□窓まわりの防水処理は適切か？
□玄関まわりの通気は確保できているか？
□グラスウールは隙間なく入っているか？
□気密シートの重ね幅は適切か？
□石膏ボードのビス間隔は適切か？

さらに、毎月「品質向上委員会」を開催し、アフターメンテナンス部門が受けたＯＢ顧客からの不具合の報告を検討し、施工改善につなげています。

こうした日々の細かな改善が、長い期間で見ると、大きな品質向上につながっていくのです。

AIによるビス間隔自動計測アプリ「ピッチスカウター」

石膏ボードのビス間隔が適切であるかのチェックには、AI（人工知能）の利用を進めています。

室内の壁や天井の下地材として「石膏ボード」が使われます。石膏ボードは、下地に専用の釘やビスで留め付けていくのですが、ビスの長さや種類、間隔などに細かな規定があります。たかが下地の石膏ボードと侮ってはいけません。

万一、規定通りに施工されていない場合には、設計上の耐震強度が確保できなくなることもあるほど重要なものです。しかも、壁紙など仕上げ材を貼った後では、見ることのできない場所ですから、ビスの間隔を確実にすることは、施工品質を高める上で、非常に重要なことなのです。

これまでは、スケールと目視により検査していましたが、正確性を追求すると時間もコストもかかります。そこで、ビス間隔を自動計測できるツール「ピッチスカウター」を開発することにしました。

具体的には次のようなものです。

スマホで専用アプリを立ち上げ、計測した壁や天井にカメラをかざします。カメラの映像からAIが自動でビスの場所を判定し、その間隔を自動計測して長さがアプリカメラ内に表示されます。間隔の数値が表示された画面、撮影社名、日付を保存することで、検査の証憑《しょうひょう》を残します。

ツーバイ工法の場合、ビスの間隔は外周部で100㎜以下と規定されています。ミリ単位での施工品質を高めることが、家全体の施工品質を高めることになるのです。

地域貢献のため花火大会のメインスポンサーに

私は、住宅会社というのは、地域に根づいた存在でなければいけないと考えています。家を建ててそれで終わり、ではありません。その後も地域の方々とのつながりは長く続いていきます。

帯広では年に一度、有名な「勝毎《かちまい》花火大会」（十勝毎日新聞社主催）が開催されます。地元を盛り上げるために、ロゴスホームでは毎年メインスポンサーになっていますが、本当に素晴らしいイベントになっています。

地元道民に限らず、遠方から見物に来られる方もたくさんいます。ロゴスホームでは毎年、花火の特等席を何百席も購入させていただき、これまで家づくりをお手伝いさせていただいたOBのお客さんに楽しんでもらおうとご招待しています。もう20年以上続けていますが、この花火大会に参加するたびに、多くの古い仲間の笑顔が大玉の光に照らされるのを見て、「今年も無事に恒例行事に参加できたことはありがたいなあ」と感慨にふけります。

このように、「**地域社会がしっかりと機能しているからこそ、私たちは仕事ができているのだ**」という事実を噛みしめて活力をいただいています。

他にも、十勝をはじめ、老朽化した福祉施設の改修工事を無料でやらせてもらう取り組みも始めています。

これからの時代、企業にとって地域貢献は本当に大事なミッションなのです。

耐震性・省エネ・CO_2削減へのこだわり

2024年1月、能登半島地震が発生し、甚大な被害をもたらしました。この地震で亡くなった方の9割は家屋の倒壊が原因でした。住宅被害は4万3000棟（一部損壊から全壊まで）に及びました。

私たちの地元・十勝も、土地柄、どうしても地震への不安がつきまといます。

地震に対して住宅会社ができることはたくさんあります。とくに地震の多いこの国では建築物の耐震性はきわめて重要になります。

ロゴスでは、全国で頻発する地震災害に備えて、全棟で最高ランクの耐震等級3（一部3相当）の構造体を標準仕様としています。

ちなみに、耐震等級1は建築基準法の2000年基準、耐震等級2は長期優良住宅認定基準、そして耐震等級3は最高レベルの耐震性で耐震等級1の1・5倍の耐震性能になっています。

ロゴスの住宅は、一見すると目立ったデザインの家が少ないと感じるかもしれません。もちろん、家のデザインはいかようにもできます。奇抜なものから、優雅で上品な家まで設計することも可能です。

しかし、私たちは家の耐震性を第一に考えています。単に耐震基準を満たすだけではなく、それ以上の耐久性のある安定した家づくりにこだわっています。お客さんの家族の生命を守る家ですから、私はそこを最も大事にしなければならないと自分に言い聞かせています。

2018年に発生した、最大震度7を記録した胆振東部地震の際、私はすぐに社に戻って社員の状況を聞き出し、動ける社員に指揮を執っていました。

帯広市は震度4～5でしたが、それでも多くの在来工法の家が半壊もしくは全壊するなか、ロゴスの住宅は、何事もなかったかのように平然と建っていたとの報告を受けました。

「やっぱり、耐震性能は大事なんだ！」

私は地震のことも半ば忘れて納得したことを覚えています。

ただ、停電で苦労した方々を見るにつけ、電力の問題を解決しなければならないという将来の課題を突きつけられました。

ロゴスの住宅は、地震による長時間のブラックアウトにも耐えられるように、全棟、太陽光パネルを搭載できるようにしています。

今、国を挙げて太陽光パネルの普及に取り組んでいます。リサイクル可能な太陽光パネルを開発中とのことで、今後はロゴスホームでもいち早くその設置に動く予定です。

北海道胆振東部地震では、北海道電力が復旧宣言するまでに約64時間を要しました。ソーラーパネルの進化とともに、日本の技術革新で効率の良い蓄電池を開発することがぜひ必要だと感じました。

太陽光パネルは昼間だけの発電なので、やはり蓄電池の革新的な進化が待たれるところです。

また、ロゴスホームでは、省エネ・CO_2削減に貢献する住宅の開発を続けています。それが評価され、２０２１～２０２３年まで3年連続で「ハウス・オブ・ザ・イヤー・イン・エナジー」賞を受賞しました。

「ハウス・オブ・ザ・イヤー・イン・エナジー」は、一般財団法人日本地域開発センターが主催するもので、建物躯体と設備機器をセットとしてとらえ、トータルとしての省エネルギーやCO_2削減へ貢献する優れた住宅を表彰する制度です。

同時に、3年以上連続受賞の企業に授与される特別表彰「省エネ住宅優良企業賞」にも選ばれました。

ロゴスホームの省エネ・CO_2削減への長期的な取り組みが評価されたものと考えています。

ZEH対応の住宅「ECOXIA」を展開

「ZEH《ゼッチ》」という言葉を聞いたことがあるでしょうか？

昔は「省エネ住宅」というキャッチフレーズでしたが、今は、太陽光発電と高い省エネ性能によって光熱費を削減し、電気代を気にしない暮らしを実現する「ゼロエネルギー住宅」をZEHと呼んでいます。

ＺＥＨとは、net Zero Energy House（ネット・ゼロ・エネルギー・ハウス）の略で、「エネルギー収支をゼロ以下にする家」という意味です。

ロゴスホームのＺＥＨは太陽光パネルを標準装備し、付加断熱工法（２×６ならではの高断熱に外張り断熱をプラス）、天井断熱４００㎜（天井からの熱の出入りをシャットアウト）、第1種熱交換気システム、暖房給湯システムを採用しています。

ロゴスホームでは東北への出店段階で、ＺＥＨを標準仕様としました。この「ＥＣＯＸＩＡ《エコシア》」を東北以南の環境に合わせて開発したＺＥＨ対応住宅「ＧＵＵＵＳ《グース》」は、気密性を高めて、無駄なエネルギーを使わない、高い省エネ性能を備えた住宅になっています。

このように、気密性の高さに加え、生活する上でトータル的に暖房費が抑えられるような工夫を住宅の各所に施しています。

特許「あったかばくりっこ」が大好評！

ロゴスホームでは、オリジナル暖房換気システム「あったかばくりっこ」を採用しています。すでに特許取得済みです。

24時間換気には第1種換気から第3種換気の3種類があり、戸建て住宅では第1種換気か第3種換気が多く使われています。

これらには、それぞれにメリット・デメリットがあります。

第1種換気は、吸排気を機械で行う換気システム（機械給気＋機械排気）です。熱交換機を付けることで、室内温度や湿度を一定に保つことができ、効率的で安定した換気ができます。ただし、イニシャルコストとランニングコストが多くかかるというデメリットがあります。

第1種換気はロゴスホームの注文住宅（フルオーダー）である最高の断熱性能を実現した省エネ住宅「Ｆｏｒｔａｇｅ　ＴＲＥＳ」で採用しています。

一方、第3種換気は自然に給気し、機械を使って排気するシステム（自然給気＋機械排気）です。

メリットはイニシャルコストを安く抑えられるとともに、メンテナンスが簡単なことです。

デメリットは、冬場の冷たい外気がダイレクトに室内へ入ってきてしまうことです。どんなに暖房をつけても、断熱性・気密性が高くても、暖房ロスは免れませんでした。

そこで、私たちは、床暖房の温水熱を利用した熱チャージユニットで、外の空気を暖めてから室内に取り込むという、オリジナルの暖房換気システム「あったかばくりっこ」を開発。冬の冷たい給気も暖かく交換できるようになりました。

こちらはロゴスホームの注文住宅（フルオーダー）のオリジナル換気システム搭載住宅「Ｆｏｒｔａｇｅ　ＤＵＯ」で採用しています。

パッシブ型全館空調を採用

最近では、パッシブ換気による全館空調の導入も進めているところです。パッシブ換気とは、機械設備に頼らず、自然な空気の流れのみで、365日24時間適切な風量で家中を換気するシステムのことです。

パッシブ型の特長は、機械を動かすコストが必要ないので経済的だという点です。給気口から取り込まれた新鮮な外気を床下で温めることで、その空気が上昇する力が生まれ、その自然な力で家全体を暖めることができます。暖かい空気は家中をくまなくめぐり、ハウスダストや有害物質と一緒に天井の煙突から排気される仕組みです。

このシステムをロゴスがお客さんに提供させていただく第一の理由は、とにかくアフターメンテナンスが最小限で済むからです。

ダクトがなく、空気の流れも穏やかなので、フィルターも不要というメリットがあり、設置後はパッシブ型全館空調の利点が実感できるはずです。

寒い冬も暑い夏も室温にムラがなく、エアコン1台でも家中が暖かくなるため、快適でストレスフリーな暮らしを実現することができます。

第2章

ロゴス独自の集客と営業方法

1.「やらないこと」を決める

ロゴスの集客と営業方法は、他の住宅会社に比べるとかなりユニークかもしれません。

その考え方の基本は「**やらないこと**」**を決める**というものです。

人間、いろいろなことをやろうとすると、自分が何をやっているのか見えなくなってしまうことがあります。

大体のことは、実はやらないほうがいいのです。

万人受けは狙わない

「やらないこと」の1つめは、「**万人受けは狙わない**」ということです。

たとえば、前述したように私は「**家はライフスタイルではなく、ライフステージで建てるべき**」だと思っています。

人のライフスタイルもライフステージもそのときどきによって変化するため、家族それぞれのライフステージに合わせた家づくりには流動性があります。

私たちは数多くの家づくりの経験から、その道のプロとして、お客さんの経済的事情とご家族の一人ひとりのご意向を伺い、それぞれのライフステージに合ったご提案をさせていただいています。

できる限りお客さんのご要望に沿った家づくりを目指していますが、どんなご要望も受け付けるということはしません。それは、お客さんを選ぶというより、家づくりのプロとして自信を持ってご提案させていただいた案にも耳を傾けていただき、お互いが納得した協力関係で家づくりを成功させたいと願っているからです。

たとえば、大手ハウスメーカーの広告に魅了されて家を建てたいお客さんの場合があります。

テレビコマーシャルで有名な大手ハウスメーカーで家を建てたいけれど、どうも予算が合わない。そこで、ロゴスにいらっしゃいました。私たちが家を建てることになっても、お客さんは妥協しながらご依頼するわけですからどうしても不満が消えないでしょう。

予算が本当に厳しい場合、無理をして契約してもお客さんも私たちもお互いが不幸になってしまいます。

そのような観点から、自分たちが本当に提供したい家と、お客さんが本当に望む家がマッチしたときに契約するのがベストですし、お互いが幸せになります。

そういう意味では、私たちも顧客を選んでいると言えるかもしれません。

住宅総合展示場へは出展しない

「やらないこと」の2つめは、「**住宅総合展示場へは出展しない**」ということです。

住宅会社は、住宅総合展示場に出展することでたくさんの顧客を獲得し、契約につなげるのが一般的です。

ですが、〝総合〟展示場というくらいですから、自社だけではなく他社もたくさん出展するので競合が激しいですし、広告やイベントの内容などを思いどおりにコントロールしにくいのです。

また、全国にある住宅総合展示場は、地元新聞社やテレビ局などが運営することが多く、出展には莫大なコストがかかります。

そのため、出展するのは大手ハウスメーカーばかりになります。出展費用や合同の広告費として月数百万円、常設モデルハウスは、数千万から1億円を超える豪華なものになります。

それに、住宅総合展示場は家を建てるお客さんにとっても良いことは何もありません。モデルハウスは、実際に建てる家とは違って、仕様から設備から豪華なものが付いています。

同じ家を建てられると思って契約すると、実際に自分が建てた家とのギャップに失望するでしょう。さらに、その莫大な住宅総合展示場のコストが、自分の建てる家の費用として転嫁されてくるのです。

ですから、私たちは住宅総合展示場には一切、出展していません。

そのかわり、インターネットのデジタル媒体を活用してダイレクトに見込み客へマーケティングを行う「**デジタルマーケティング**」や、SNSで情報発信を行ってくれる「**SN**

S公式アンバサダー」によって情報を拡散し、お客さんの家を借りて公開する「完成見学会」で集客しています。

結果的に、集客・出展コストを抑えた全国展開が可能になっています。

従来の鉄則にこだわらない

「やらないこと」の3つめは、「**従来の鉄則にこだわらない**」ということです。

住宅業界にはいろいろな常識や固定観念があります。それらの常識を疑い、無駄なものは排して効率化を図ることが必要です。

たとえば、次のような事柄です。

① 紙のパンフレットやチラシは作らない

まず、ロゴスでは豪華な紙のパンフレットやチラシでの広告宣伝は行わず、デジタルパンフレットに100%切り替えています。

デジタルであれば変更も即座にできますが、紙だと時間がかかります。その無駄を省くというのが理由です。

以前大手ハウスメーカーに勤めていたときは、紙のパンフレットを支店が東京本社から購入していました。

1冊1000円、2000円もするパンフレットです。必要もないのに、支店長は本社にいい顔をしたいので買うわけです。

しかし、本州の間取りや仕様が載っているパンフレットなので、地方の家づくりには使い物にならず、結局河原で燃やしてしまったりしていました。

これぞ、無駄の極みです。

② iPadによるナレッジの蓄積

社内ではiPadを全社員に配布しています。

社員教育やセールストーク、プランの提案などで活用してもらい、ナレッジを蓄積することが目的です。

もっとも、iPadで子どもがYouTubeを見ているという社員もいるようですが。

私は新しいものを取り入れるのが好きです。VRなども早い段階で導入しました。いろいろなところにアンテナを張って、面白そうなもの、役に立ちそうなものはすぐに取り入れるようにしています。

③ AIでプランを自動提案するオンライン設計

導入してよかったものに「プランポッド」というものがあります。

これはAIでプランを自動提案できるオンライン設計というもので、4〜5年前から使い始めています。

通常、図面は設計士が書いていますが、その設計士のノウハウを集めてデータ化し、プランを検索できるようになっています。

このプランポッドは営業担当でも誰でも検索することができます。

たとえば、お客さんの土地が30坪と決まっているとしたら、その「30坪に収まる家」と検索をかけると、もともと5000件あったデータを3000件まで絞り込むことができ、さらに「吹き抜けのある家」「リビングから階段がついている家」といったように検索ワードを次々と入力していくと、最後は1～2件までデータを絞り込むことができます。

そこで「あなたの希望に当てはまる家はこれです」と、プランを提案することができるのです。

フィリピンの子会社で制作したCGやVRを活用することで、間取りや外観などもわかりやすく提案できますし、同時に価格も提示できます。

④デジタルマーケティングの導入

ロゴスでは、10年ほど前にはすでに、オンライン上でマーケティング活動を行うデジタルマーケティングを取り入れていました。

コロナ禍の際には、従来のようにチラシを撒いて「見学会に自由に来場してください」という環境ではなくなったこともあり、その来場予約の受付とデジタルマーケティングがマッチしていきました。

もちろん、実際には紙のチラシのほうが集客できる地域もまだまだありますし、地元の新聞を読んでいる方もたくさんいますが、デジタルマーケティングは集客の効率化に欠かせない手法となっています。

私たちが行っているデジタルマーケティングの概要は次のようなものです。

まず、当社ホームページ、ＳＮＳ、自社メディア、ＳＥＯ（検索エンジン最適化）、住宅系ポータルサイト、リスティング広告（検索連動型広告）などのＷＥＢ情報から、資料請求や来場予約などの反響をとり、数の増減をデータとして明らかにします。

その反響を来場予約や資料請求などに反映させて、集客につなげます。

その際、反響から90秒以内という短時間にＳＮＳや電話、メールで対応することが重要です。これが見込み客の育成に直結します。

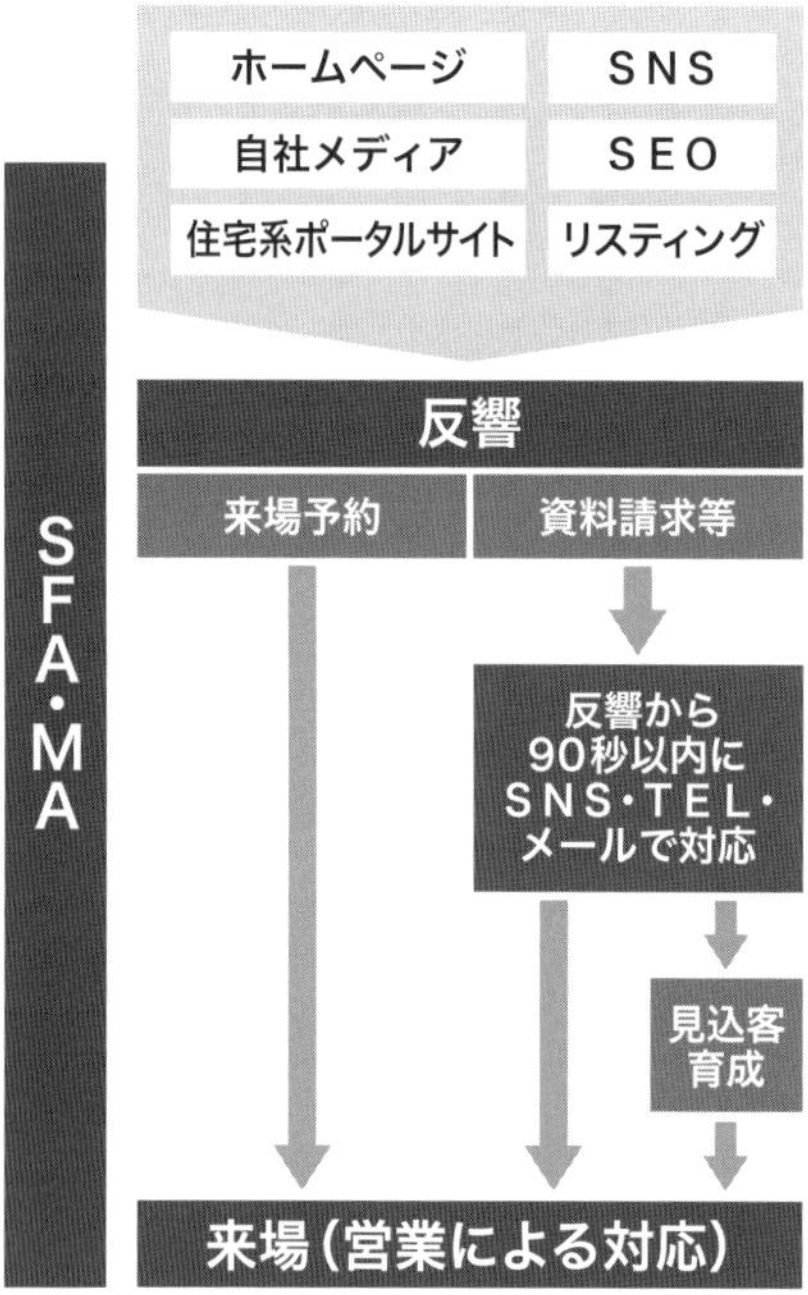

こうしたデジタルマーケティングを強化することで、営業担当者は本来の営業活動に専念することができます。

⑤見積書作成の手間を省く

不動産仲介大手の某企業は、中古不動産の価格査定にＡＩの活用を始めました。情報を入力すると、過去に取引のあった物件データをもとに、ＡＩが自動で中古不動産の価格を提示します。これまで1週間ほどかかっていた査定期間を1日に短縮できたそうです。

土地やマンションは住所を入力するだけで価格のわかる場合もありますし、社内で見積書を作成する手間を省くことができます。

この方法は注文住宅でも応用できると思います。

たとえば、柱が何本といった情報を自動的に拾って積算できれば、業務の効率化につながります。

これはＢＩＭ（Building Information Modeling）というソフトウェアで、３Ｄ情報を活用し設計から施工、価格を含めた建物情報モデルを構築し、業務効率化を図るシステムです。

お客さんにとっては、柱や窓といった個別の部材の価格はさほど知りたい情報ではありません。それよりも坪単価や総額を重視します。

ＡＩによる積算システムを活用することで、スピーディに総額表示をすることが可能になります。

⑥値引きはしない

私たちは創業時から値引きはしていません。

住宅は定価がないので、値引きしようと思えばいくらでもできますが、私たちは定価販売を徹底しています。

もし、値引きができるのであれば、すべての顧客に対して同じように、定価を下げるようにしています。

値引きをするということは、その仕事に携わったすべての人に負担を強いることになります。

私たちは、お客さんも職人さんも、その家づくりにかかわったすべての人が幸せになることを目指しています。

とはいえ、コロナ禍で木材の価格が高騰したウッドショックによって、定価販売はダメージを受けました。

一般的な注文住宅であれば、お客さんと間取りなどを打ち合わせして実行予算を割り出すので、資材の価格が上がろうが下がろうがそれほど関係ありません。

しかし、定価販売は原価や粗利があらかじめ決まっているのに対し、実際に着工するのは何か月先かで状況が変わってしまうので、資材の値上がり局面では大打撃を受けました。もっとも、値下がり局面ではプラスに働きましたが。

多くのハウスメーカーが「値引きをする」という売り方をしているので、それが当然だと考えているお客さんには「おたくはいくら値引きしてくれるの？」と聞かれることがあります。

そこで定価販売についてお話しすると、「よそは１００万円引いてくれるから」と他社にいかれる方もいます。

また、ロゴスは定価販売なので契約の金額は１円単位になりますが、他社では

3000万円などキリの良い価格になることが少なくありません。その際に「1円も引いてくれないんですか？」と言われることもあります。

しかし、いろいろな手間を考えれば、私は定価販売のほうが断然良いと思います。

一度値引きをすると、「あと、もう少し、もう少し」とどんどんエスカレートし、値段ばかりに気を取られて、肝心の家づくりについての話し合いがおろそかになってしまいます。

住宅は大きな買い物ですから、金額ももちろん大事ですが、肝心な部分に目を向けないと騙されやすいということも事実です。

大手衣料品メーカーのユニクロも値引きはしません。

性能が高くて、品質が良くて、デザインはパーティーに行くときのような特別なものではなく、日常で着ることができて着心地の良い服を、誰でも買えるような比較的安価で提供しています。これはユニクロの「ＬｉｆｅＷｅａｒ」という独自のコンセプトに基づいています。

いろいろな無駄を省いた結果、実現できることですが、私たちもそのような努力をしています。

そういう意味では、適正価格で注文住宅の定価販売を行う私たちロゴスは〝住宅版のユニクロ〟だと自負しています。

2. 注目されるロゴスのアイデア戦略

ショッピングモール出店の走りに

前述したように、ロゴスでは住宅総合展示場へは出展しないことにしています。

「では、その代わりにより多くの人の目に留まる場所はどこか？」

と考えました。

その答えがショッピングモールでした。

初めてショッピングモールに出店したのは2013年のこと。札幌の大型ショッピングモール内に企画住宅販売のショールームをオープンしました。

これは当時のショッピングモール出店の走りでした。

大手ビルダーがイオンの駐車場内にモデルハウスを作ることはありましたが、ショッピングモールの室内に作るのは当時としては珍しく、斬新なアイデアでした。この形態はのちに東北へと拡大していきました。

これは私が考えて始めたことですが、札幌にしても仙台にしても、最初は会社の知名度もなく企業ブランディングもできていない状態でした。ショッピングモール内に出店することで、その商業施設のブランド力を借りることができます。

当時、ショッピングモールへの出店の場合、売上に対して○%の出店料を払うというシステムでしたが、住宅会社にはそれはできません。

しかし、なんとか出店したかったので何度も粘り強く交渉し、苦労の末に実現することができました。

ショッピングモールの出店は当時あまり前例がなかったので、来店者も物珍しさがあり、それなりの集客がありました。

ただ、営業時間や定休日、販促の仕方など、自分たちでコントロールするには限界があるので、もどかしさはありました。

開店時間は朝9時から夜10時まででしたし、ショッピングモールですから当然定休日もないわけです。とはいえ、ロゴスホームの社員をあまり遅くまで勤務させるわけにいかないので、「ただいま不在にしています」という看板をかけて不在にしていたところ、ショッピングモール側から注意されてしまいました。

こういったことに歯がゆさを感じたので、ショッピングモールからは撤退することになりました。

私は、自分の考えにはある程度の自信を持っています。お客さんのためにならないと思えば、無理難題を聞くことはありませんし、はっきりとNOの意思表示をするようにしています。

全天候型ショールーム「エルミナ」が成長の起点に

２００９年、ロゴスホームでは帯広市内に全天候型ショールーム「エルミナ（Ｌ・ｍｉｎａ）」をオープンしました。

屋内に、タイプ別のモデルハウスを４棟展示した全国でも珍しいもので、道内最大級、新感覚のショールームとなりました。

４棟にはそれぞれ、**「今よりお掃除のいらない家」「良い子が育つ家」「愛犬と一緒に楽しむ家」「働くママの家」**というコンセプトを設定しました。

ただ、当時はデザインを重視し、南欧風、和風などテイストやライフスタイルに重点を置いたのですが、それは今となっては家づくりとしてはあまり良い考えではなかったと思います。

やはり、家はライフステージに合わせて建てるのが最も大事ですから。

エルミナの名称は先住民族アイヌの言葉からとっています。

ｍｉｎａは「笑う」という意味で、ニコニコ笑うことを「ミナミナ」と言います。

そこにLサイズのLを付けて、「大きな笑顔」という意味を込めました。

北海道では冬の集客が大きな課題になります。

エルミナは屋内のショールームで、天候に左右されずにゆっくりとご覧いただけることもあり、地元での評判を高めるきっかけとなりました。

通常、住宅展示場は、倉庫のような場所に作られた部屋を見るのが一般的でしたが、エルミナは1軒丸ごと外観まで見ることができるというのが売りでした。

エルミナでは次のようなことを行っています。

- **コンセプトを明確にした実物大の家を展示**
- **模型で住宅の構造をわかりやすく説明**
- **各社の住宅設備機器の比較**
- **無料で最新の住宅雑誌を貸出**
- **最新の土地資料の検索**

これらを通して、一般の人にはちょっと難解な家づくりをわかりやすく説明しています。

もっとも、このエルミナのいちばんの目的は、「**お客さんとスタッフをつなぐコミュニティとしての場**」だと位置づけています。

エルミナを作ったきっかけは、群馬の知り合いの会社が屋内型のショールームを作っていたのを見たことで、それをヒントにし、構想1年で実現に至りました。

今ではこうしたショールームは全国各所で見かけますが、屋内型展示場というのは当時としては新しいアイデアでした。

オープンの際には3日間で1500人が詰めかけ、てんやわんやでした。そのため、接客する時間がなく、成約にはつながりませんでした。ここは失敗でした。

エルミナにはかなり手応えを感じましたが、建築費もかかりますし、土地も一部を除いて購入したので2億円近くの多額の出費となりました。

当時の売り上げは20億円ほどだったので、今考えるとかなり思い切った試みだったと思いますが、ダメもとの精神でした。

ともかく、このエルミナはロゴスホームとしても1つの転機になり、帯広での地位を不動のものにしました。

今では、帯広で家を建てる人の98％が一度はエルミナに足を運ぶと言われるほどになっています。

当時、「帯広で一番になろう」ではなく、「北海道で一番になろう」「日本で一番になろう」という高い目標を掲げていたので、この大きな投資も決断できたのでしょう。

どこに目線を置くかで、経営の方針や仕事の仕方は決まるものだと思います。

エルミナのおかげで従業員数も増え、会社も成長しました。

さらに、ロゴスホームの信頼度を高める効果

全天候型ショールーム「エルミナ」

があり、その後の多店舗展開の礎になりました。

宿泊型ハウジングミュージアム「北海道クラシアム」の誕生

エルミナの成功は、2023年に札幌の新琴似にオープンした北海道最大級のショールーム「北海道クラシアム」にもつながりました。

ここは、**〝全年齢のライフステージに対応した〟宿泊型ハウジングミュージアム**です。

北海道クラシアムは大きく2つの施設に分かれています。

①センターハウス

温度体験室や地震体験室など実際に住み心地を体験できる施設を完備しています。

また、耐震・耐久構造、設備機器、デザイン、補助金などの情報が満載で、実際に見て・聞いて・触れることで家づくりの不安を一気に解消できます。

②モデルハウス（全6棟）

さまざまな生活スタイルをテーマにした6棟のモデルハウスがあり、無料で宿泊体験が可能です。

生活スタイルの異なるさまざまなご家族、年齢や家族構成に合わせた家づくりがイメージできるように配慮しました。

6棟は全年齢でのライフステージに対応しています。

A棟からF棟の6棟は、それぞれ「夫婦2人だけのライフステージ」「子育てを終えた夫婦のライフステージ」「家族との時間を大切にするライフステージ」「お子さんが巣立った後のライフステージ」「小さなお子さんがいるライフステージ」「両親と2世帯で暮らすライフステージ」が設定されています。

宿泊プランを利用することで、家族が実際に家で過ごす時間をリアルに体感できます。

クラシアムのような宿泊体験付きのモデルハウスを展開している会社は東京にもいくつかあるようですが、泊まった人の8割は成約に至るといわれています。

クラシアムは現在のところその半分程度の契約率なので、まだまだ改善の余地がありそうです。

　原因の1つは一貫性がないことではないかと思っています。

　肝心なのは、モデルハウスの一連の流れの中で、

「ライフステージをうまく伝えられるかどうか」ということです。

　現場での施設の作り方から社員がお客さんにお話しする内容など、パンフレットには書いてあっても同じポイントを強調していないと、いくら「ライフステージが大事ですよ」と言っても、説得力をもって伝わりません。

　大事なことは、家族のライフステージの変化に合わせた住まいについてのコンセプトの表現

宿泊型ハウジングミュージアム「北海道クラシアム」

や露出の仕方を統一して、お客さんの理解を得やすくすることです。

ただ、クラシアムで集客すると住宅総合展示場と同じことになってしまうので、クラシアムでの集客は考えていません。

あくまでも集客はネット上で行い、クラシアムは成約につなげるための施設と位置づけています。

後述しますが、ロゴスではOB顧客による公式アンバサダー制度を立ち上げていますが、アンバサダー経由で宿泊をした場合の特典を設けるという打ち手もあるかもしれません。

北海道で一番になる！「プロジェクト505」

エルミナが誕生した2009年、ロゴスホームでは「プロジェクト505」という計画を立ち上げました。

これは「**北海道で一番になろう！**」という目標です。

当時、私が信頼していた専務が会社を辞めたタイミングでした。性格も良く、優秀で、人望も厚かったので、専務が退職したことで社員も私自身も少なからず動揺しました。

そこで、社内を立て直し、「社員全員でこの目標に向かって進んでいこう」と一致団結するきっかけにしようと考えたのです。

「プロジェクト５０５」というネーミングには、当時北海道で最も棟数の多かったハウスメーカーが、２０２０年には年間５００棟になると予想していたので、私たちは２０２０年までに道内着工戸数をその上の５０５棟に伸ばそう、という意味を込めました。

このプロジェクトは新規社員の採用時にもとても役立ちました。

「**高い目標を掲げるからこそ人は集まってくる**」

そう感じました。

これが第二創業時の目標となりました。

創業当時は「いい家を作りたい」という一心で、最初は３人のメンバーでスタートし、がむしゃらに働きました。

その後、社員は順調に増えていきました。

それまで住宅会社は即戦力である中途採用が主流でしたが、２００６年頃から新卒採用を始めました。

新卒にどのように教育していくかが課題でしたが、これも私たちにとって大きな転機だったと思います。

マイナビの北海道エリア新卒就職企業人気ランキングでは道内企業で最高11位、住宅会社としては全道1位になったほどです。

そのときは職種別で6人採用しましたが、当時新卒で入社した社員が今では中堅幹部として活躍しています。


毎年継続して新卒採用していくことで、彼らが入社する際には、その前年や前々年に新卒で入社した先輩たちがそれぞれの現場にいることになります。

先輩たちには後輩を指導する立場になるという自覚が生まれ、社員の成長意欲につながっていると感じています。

しかし、新卒採用はエネルギーも要りますので、継続がなかなか大変で、今は課題の1つにもなっています。

今後はグループ企業全体でもう一度立て直しを図るべきだと考えています。

今は若いスタッフが中心になって活躍してくれていますが、会社としてはメインのポジションの人材が薄い状態なので、「こういう会社にしていきたい」と熱くビジョンを語れるような社員を育てていきたいと思います。

新卒採用のポイントとして、ビジョンを示すことはとても大切です。

採用にあたっては、必ず私自身が面接を行い、自分の口から直接学生の皆さんにビジョンを話すことを徹底しました。

住宅を作ることの楽しさややりがい、北海道で一緒に一番を取ることを目標にしようと強くアピールしました。

「プロジェクト505」のスタート時は、100棟に満たない年間着工戸数でしたが、2020年には505棟の目標を大幅にクリアし、ロゴスホームと豊栄建設を合わせて

664棟の着工を達成しました。

さらに、2017年からは東北エリアへの進出を手始めに、全国展開を目指すことになりました。

そして、積極的な新規出店、モジュール工場の整備、CAD業務の海外移転などを着々と実現し、現在に至っています。

「プロジェクト505」では2020年までに北海道ナンバーワンの会社になるという目標を掲げました。

このように、高い目標を掲げ、その目標を社員、お客さん、取引先に伝え続けました。これが急成長の最大のポイントだったと思います。

それは、高い目標を掲げることで、事業を進めていく上での可否判断・意思決定の判断基準が明確になるからです。

たとえば、何か新しい事業を始めるときには同時にリスクを伴います。その際、目標がないとどうしても守りに入り、現状維持あるいは現実的な施策にとどまってしまいがちです。

しかし、「もっと上に行きたい」「こうなりたい」という明確な目標があることで、その目標を達成するための最善の判断ができるようになりました。また、「もっとこうしたほうが良いのでは？」という新たなアイデアも出てくるようにもなりました。

このように、高い目標を掲げ、全員が同じベクトルで進んでいくことはとても大事なことなのです。

公式アンバサダー制度を立ち上げる

ロゴスではインスタグラムの公式アンバサダー制度を作りました。

ＯＢのお客さんに公式アンバサダーを務めてもらい、この方たちの紹介で家を建てたら、そのお客さんにもアンバサダーにも特典を付与するという制度です。

昔は売上の３％が販促費と言われていました。しかし、今の時代、集客単価は年々上がっています。紙媒体での集客は減りましたが、デジタルにシフトしたことで集客単価が逆に高くなりました。

デジタルに変わったときはチラシの集客単価が5万円程度に対して、デジタルは2万円程度でしたが、最近は大手も含めてデジタルへのシフトチェンジが大幅に進み、集客単価は10万円台にまで上がりました。

多くの人が限られたデジタル広告を活用しようとするわけですから、目につくようにするための検索キーワードの入札単価も高くならざるを得ません。

この金額の上がり方を見ると、企業の規模としてやっていけない会社も出てくることが容易に想像できます。

このままでは受注を取るための販促費で苦しむことにもなりかねません。そこで、一般の反響に頼らない受注の仕組みを作るためにアンバサダー制度を設けたわけです。公式アンバサダーを設けたロゴスホーム、豊栄建設では成約につながる事例も増えてきました。

OBのお客さんのつながりを活用し、一般反響に左右されない集客をしていくのが目的です。

お客さんの家が完成したらお披露目会を開いていただき、そこにお友達を呼んでもらうという企画を実施しています。

OBのオーナー様とのつながりは創業当時から大切にしてきました。

今まで積み上げてきたOBの数があるからこそできる取り組みだと思っています。

リノベーション事業の拡大

ロゴスホールディングスのグループ企業であるギャラリーハウスのグランドデザイン事業部では、「ヴィンジョイ（VINJOY）住宅」という中古住宅のリフォーム・リノベーションを展開しています。

ヴィンジョイは、「**中古住宅×デザイン×品質保証**」をコンセプトにしています。

ラインナップは、月々4万円台からの土地付リノベーション済住宅「ヴィンジョイ・ワファースト」、中古物件の購入とリノベーションを1つの窓口で行う「ヴィンジョイ・ワンストップリノベーション」、オーダーリフォームとオーダーリノベーションに対応する

「ヴィンジョイ・オーダーリフォーム・リノベーション」です。

このヴィンジョイには賃貸住宅版「ヴィンジョイ・レント」もあります。築古の賃貸アパートを購入し、独自のリノベーションを行って、再販するリノベ再販事業です。入居が決まらない築古アパートに、時流に合わせたデザインリノベーションをし、入居付けも行います。満室にするだけでなく、家賃を上げて利回りの良い投資物件に変えて、再販する事業は、これから伸びるマーケットだと考えています。

第3章

時代を読む
経営と組織づくり

1. 時代を先取りする事業展開が本業を潤す

フランチャイズ型のＩＰライセンス事業への参入

近年、住宅業界でもＩＰライセンス（知的財産権）による住宅事業に参入するケースが出てきています。

これは、自社の住宅販売における知的財産を提供することでライセンス使用料を得るビジネスです。

ライフスタイルショップなどがＩＰライセンス事業に参入し、全国のハウスメーカーからフランチャイズ加盟店を募集するケースもあります。この場合は、アニメやゲームのキャラクターグッズなどが代表的なＩＰです。

住宅会社の場合は、自社の持つ家づくりのノウハウそのものがＩＰになります。ここでの知的財産とは、多くは商標権や意匠権（建物や内装のデザイン）、著作権（カタログなど）になります。

こうした住宅会社によるIPライセンス事業は規格住宅フランチャイズ型のビジネスですが、一般的な住宅FC（フランチャイズ・チェーン）とは異なります。

まず、基本になるデザインや素材、設備などをレギュレーション（仕様や規格として定めたもの）として設定します。

そして、その世界観やスタイルを表現する住宅であれば、その範囲内で加盟事業者が価格などを自由に設定して受注・建築できます。

わかりやすく言えば、加盟店はロゴス・ブランドの住宅を一定の裁量で〝編集して〟建てることができるということです。

こうした試みは、これまでの大手ハウスメーカー主体の住宅ではなく、顧客起点の家づくりにつながる可能性があります。

住宅業界では、大分の住宅会社「ベツダイ」で規格住宅フランチャイズチェーンを展開しています。

フランチャイズ型のＩＰライセンス事業は端緒についたばかりで、はっきりとした成果はまだ見えませんが、その動向を見きわめながら私たちも積極的に参入していきたいと考えています。

有名雑誌とコラボした共同開発住宅

住宅づくりと親和性のある有名雑誌とのコラボレーションも、将来的な打ち手として有効だと思っています。

たとえば、趣味やライフスタイルでつながるファンコミュニティサービスとして、アウトドア、ランニング、サーフィン、フィットネス・ヨガ、料理、フィッシングなど、幅広いジャンルの専門雑誌を手がけている企業があるとします。

ロゴスでは、このような雑誌とコラボして共同開発した住宅を作って販売していくことを計画中です。

自分たちで商品を開発して、有名雑誌のブランド力を借りて、それを全国に売っていくことも考えています。いわゆる商品住宅です。

ただし、フランチャイズではなく、サブスク型でライセンス使用料をいただくという形になります。


雑誌ではありませんが、釣り動画を配信している佐賀県の人気ＹｏｕＴｕｂｅｒグループが運営するＹｏｕＴｕｂｅ番組〝釣りよかでしょう。〟とのコラボを始めました。

このメンバーは「釣りよかハウス」と呼ばれる一軒家を拠点に共同生活を送っていて、さまざまなメーカーなどとコラボしています。

この〝釣りよかでしょう。〟とモデルハウスを共同開発しました。

２０２１年７月には、石狩市内に〝釣りよかでしょう。〟の意見を取り入れてモデルハウスを新築しました。

このモデルハウスは石狩湾から車で約10分のところにある敷地２９５㎡の立地で、建物はツーバイシックスによるW造、２階建て、延べ１３７㎡の規模で、３ＬＤＫに納戸・車庫も備えています。

メンバーからの「釣って持ち帰った魚を料理しながら大勢の仲間で楽しめる家」という

要望に応じて、アイランド型キッチンを完備した1階ＬＤＫが庭と大開口の窓でつながる間取りにしました。

玄関横には、釣り道具などを収納する専用の小部屋を設け、車庫の奥には魚をさばくための大型流し台を設置しています。

また、展示用のアウトドア衣料や雑貨は、釣り・キャンプ用品専門店「コルソ札幌」から貸与を受けました。

また新たに、ＹｏｕＴｕｂｅｒと組んだモデルハウスを準備中です。

企業等とコラボしたモデルハウスを展開

近年、住宅業界では異業種ブランドとのコラボレート住宅の展開が盛んになってきています。

現在、私たちもさまざまな異業種ブランドとのコラボを模索するなか、家具を「たったひとつの大切なもの」と考えるインテリアブランド「ＵＮＩＣＯ《ウニコ》」との共同企画によるコラボレート住宅の商品化が進行中です。

コンセプトは、「UNICOの家具が似合う『好き』に囲まれたマイホーム」です。UNICOが大切にしている世界観を最大限生かし、「自分らしくいられる心地よい空間」になるような家づくりを実現していきます。

UNICO家具付き住宅として札幌市内にモデルハウスの建築を進めており、将来的にはパッケージ商品として展開する見込みです。

商品化イメージとして、「選べる間取り」と「選べるテイスト」というお客さんの好みをかなえる工夫がされています。

「選べる間取り」では、坪数に応じてUNICO家具を組み合わせた数種類のパッケージプランからお客さんが自由に選択でき、「選べるテイスト」では、お客さん好みのテイストに対応できる数種類のインテリアプランが用意されています。ライフステージに合わせて内装×外装×家具をセレクトできるパッケージプランを商品化する予定です。

家具だけでなく、さまざまな業種とコラボできる可能性があります。

読者のみなさんに、ちょっと想像してもらいたいことがあります。

みなさんが住むための住宅選びをするとき、内覧会などに参加されると思います。そのとき、機能性が高く便利なだけでは快適な空間とは感じられないことがあります。

それは単なる思い過ごしではありません。人は視覚や聴覚、感触などを通して、感覚的に自分に合った住宅を求めるものです。つまり、五感から満足できる空間に落ち着きたいという欲求があるからなのです。

そこでロゴスでは、快適な生活空間を演出するための「香りの機能性とデザイン性で空間を創造する」提案を行っているアットアロマ社との提携も進めています。

アットアロマ社は、アロマの癒し効果を十分に取り入た空間デザインには評判の高い企業さんです。

また、北海道中標津に本社がありながら、独自のライフスタイル事業で全国にファンがいる「とみおかクリーニング」とのコラボも準備しています。

さまざまな企業とコラボしながら、さまざまなチャネルを使ってロゴスの家づくりを拡げていこうと考えています。

このようなコラボ企画は3か年計画を想定しており、初年度となる2024年は、販売エリアを北海道内全域として計画しています。

まずは道内で実績を作り、東北・関東へも販売エリアを拡大したいと考えています。

さらに、「&HOUSE」というブランド名を掲げ、年に3~5社との商品ラインナップを増やすことを目指し、将来的には事業部として店舗化・ECサイト・多店舗展開も視野に置いています。

2. 未来型の組織づくりへの取り組み

社名に込めた「伝えることの大切さ」

聖書(ヨハネ福音書)のなかに次のような一文が登場します。

〈初めにロゴスがあった〉

ロゴスにはギリシャ語で「言葉」という意味があります。

私たちが創業した当時から地元の工務店は良い家を作っていましたが、私はその「良い家」を伝える手段が足りないと思っていました。

良い家を作ることはもちろん大事ですが、それをどう伝えるかということもまた、とても重要なことなのです。

伝えることの大切さ。それは、お客さんはもちろん、社員に対しても言えることです。「伝える」ということは価値が高いことだと感じたので、私はその思いを「ロゴスホーム」という社名に込めました。

ニックネーム制で風通しの良い職場環境に

ところで、皆さんは、会社の上司や同僚をどう呼んでいますか？

ロゴスでは「ニックネーム制」を取り入れています。

社員は各自が決めたニックネームで呼び合います。

最近、社内コミュニケーションの活性化に力を入れている企業は少なくありませんが、このニックネーム制は社内でのフラットな人間関係を象徴するものになっていると思います。

以前勤めていたハウスメーカーは堅い社風の会社で、上司に意見を言いづらい環境でした。上司のことは当然、「○○部長」「○○課長」と役職名で呼んでいました。

これでは、社内の空気はどうしても重いものになってしまいます。

お客さんのことをいちばんわかっているのは、社長でも役員でもありません。お客さんと実際に接している現場の人間です。

私は、そうした社員たちの率直な意見を、いかに会社が吸い上げていくかがとても大事だと思っています。

ですから、ロゴスでは誰もが意見を言いやすい環境を作るために、上司も役職名ではなくニックネームで呼ぶことにしたのです。

ニックネームで呼び合うことで、社員同士の心理的距離がとても近くなります。これによってロゴス内は、意見の言いやすい環境になっています。
こうして、フラットな関係性を築くことでチームワークが高まります。

ちなみに、私は社員から「池田社長」ではなく「池P」というニックネームで呼ばれています。〝社長のイゲン〟とは全く無縁！　新入社員とも同列の関係です。

その距離感が心地良いですし、社員たちは忖度など一切なく、会社にとって「本当に大事なこと」を率直に伝えてくれます。

新入社員が入ってきたら、まずニックネームを付けるところから始めます。

覚えられなかったり、ニックネームは覚えても本名を忘れてしまったりといった弊害もあります。デメリットとして、少しユルすぎる雰囲気になることもあります。

どちらを取るかですが、私はニックネーム制で、社内の風通しが良くなることを優先しています。

Ｘのような社内ツイッター「泣き笑い」

ロゴスホームには以前、「泣き笑い」というツールがありました。

Ｘ（旧Ｔｗｉｔｔｅｒ）は自分の感じたことや日常の取るに足らないことをつぶやくツールですが、同じような役割を果たしていたのが社内の掲示板「泣き笑い」です。

わざわざ報告するほどのことではないけれど、みんなそれぞれちょっと嬉しいことや悲しいことがあって、それを社員同士で共有できるという、いわば社内版Ｘです。

これは、とくにシステムを作ったわけではなく、グループウェアのようなＩＴツールのなかに、社員がそれぞれ気軽に書き込んでいくというものです。

たとえば、新入社員が初受注したときは、

「●●（ニックネーム）、初申し込みおめでとう!!　これからさらに覚えることが増えてくるけど、持ち前の飲み込みの早さでぐんぐん成長していこう！」

というようなツイートをして、店舗みんなで喜ぶ風土づくりをしました。

また、各拠点のイベントをシェアしたときのツイートは

「昨日の勝毎花火大会も多くのお客さんに喜んでいただけました！　準備してくれたスタッフの皆さん、ありがとうございました！」など、各店の頑張りを共有したりしました。宅建や建築士など資格合格者を讃えたり、社内の個人表彰の喜びのツイートをすることで、自分も頑張ろうという社員が増えたり。

いずれも、ロゴスのお客さんを思い、楽しく成長を目指す社風づくりにつながっています。

「泣き笑い」は、今はもうないのですが、社内システムのチャット機能を使えばできるので、そのうち復活させようと計画中です。

YouTubeによる全社集会

ロゴスホームでは年に1回、ＹｏｕＴｕｂｅ上に全社員が集まって、会社の方針確認や業績確認、社員表彰の授賞式などを行う全社集会を行っています。

コロナ前は対面で実施していました。

そのほか、全社朝礼などもＹｏｕＴｕｂｅでやっています。

社内向けにオンライン配信を行っているというイメージです。

では、一例として、以前行った全社集会（２０１８年、第17期）の内容の一部を紹介しましょう。

・池Ｐ（社長）からのメッセージ
・各部門からのメッセージ
・人事評価コンピテンシー（リアルタイムネット集計による人事評価基準ワードを決定）
・各支店代表が集うロゴスグループコンペの報告
・新入社員挨拶
・マネージャー研修生の卒業宣言
・表彰式（ベストドレッサー賞、ベストオブロゴス、業務改善提案賞、永年勤続、ロゴスルーキーズアワード、ロゴスマネージャーアワード、ロゴスプロフェッショナルアワード）

これらYouTubeでやりとりされたメッセージは、会社のMVV（Mission・Vision・Value）の確認や前期の振り返りなどとともに、社内報『LAMP』でもあらためて社員に向けて発信します。

3.「社員全員が経営者感覚」という人材教育

全国オンラインでのインターンシップによる新卒採用

ロゴスでは現在、全国からオンラインでの新卒採用を行っています。

コロナ禍では多くの企業が採用をオンラインで行いましたが、ロゴスの特徴は「インターンシップ（就業体験）」を含め、すべてをオンラインで行うことが可能になっています。

他社のオンラインでのインターンシップは通常、半日あるいは1日という日程のものが多いと思いますが、私たちの掲げる成長プログラムは、ステージによって1day（ステージ1）、2day（ステージ2）と分ける「**STAGE型インターンシップ**」を実施しており、全部で2週間の期間をかけます。

これはリアルでのインターンシップと同等の時間のかけ方であり、住宅業界で初の取り組みです。

オンラインによる2週間のインターンシップというのは、受ける学生さんも大変だと思いますが、こちら側のスタッフもかなりの時間を取られますから並大抵の取り組みではありません。その2週間だけではなく、事前準備や後の振り返りなどもありますから。

しかし、他社との違いを打ち出すことが重要だと考えており、この取り組みによって、これまでは採用できなかった層の学生さんから応募が来たり、北海道・東北だけではなく、関東や九州など遠方のエリアからの採用が増えたという成果がありました。

現在は実際の仕事もテレワークが多くなっており、場所にとらわれない働き方が可能になっています。

今はあらゆる業界で人手不足が深刻化しており、こうした採用は時代にマッチした方法ではないかと考えています。

なお、２０２６年卒のインターンシップは6月から翌年2月までの9か月間にわたって開催し、オンライン開催、札幌対面開催、仙台対面開催を用意しています。

その内容は、ＳＴＡＧＥ1が「業界&企業研究＋家づくり提案」です。ロゴスが大切にしている「チーム制の家づくり」を実際に体験してもらいます。

ＳＴＡＧＥ2は「新規事業プレゼン」です。これはロゴスインターンの集大成です。1週間にわたる期間をかけて、新規事業を立案し、最終日には社員に向けてチームでプレゼンテーションをしてもらいます。

また、インターンシップに参加いただいた方限定で、実際のショールーム見学なども予定しています。

毎年1月頃から早期選考を開始しますが、ロゴスの内定者のほとんどがこのインターンシップ参加者になっています。

未経験者を2か月で一人前に育てる「ロゴス・アカデミー」

ロゴスでは、「**ロゴス・ルーキーズ・セッション（LRS）**」という新卒1年目の1年間の集合研修プログラムを2か月に一度実施しています。

同期と一緒に、ビジネスマナーや新入社員として大切なスキルなどを集中的に学びます。

さらにロゴスには、住宅営業を目指す未経験の社員を2か月で一人前にする仕組みがあります。

それが「**LOGOS Academy（ロゴス・アカデミー）**」というプログラムです。

未経験者でも2か月で一人前になり、「新築・注文住宅の営業です」「インテリアコーディネーターです」と胸を張って言えるようになるわけですから、経験者でなくても採用しやすくなるように感じます。

ロゴス・アカデミーは、住宅営業を目指す未経験者にインハウス型とeラーニング型の2軸により、2か月という短期間で、住宅知識や接客スキルなどの専門教育を行い、一人前の営業担当としてお客さんの前に立つことのできるように育成します。

これは入社前2週間＋26回の研修プログラムで構成されており、次のようなことを学びます。

①eラーニングの活用（入社前2週間）

既存の22本の動画（8時間8分）を素材として、営業スキルとその活用など基本的な知識を学びます。

②トレーニングセッション（15回）

一部既存のeラーニング素材を活用し、主に「購買心理に合致した営業手法」を学びます。これは、全国各地で活躍しているトップセールスマン100人に共通した手法です。

お客さんには住宅の購買に至る次のような心理ステップがあります。

「好感形成」→「心頼（信頼）形成」→「問題点共有」→「購入ハードル共有」

→「アンカリング」→「差別化」→「生活イメージ共有」

こうした心理ステップを考慮して「お客さんが買う理由は何か？」を明らかにし、その気持ちに寄り添う営業活動を行うことで、スムーズな契約に至ることが可能になります。

③ ケーススタディ（2回）

お客さんの住宅に対するニーズなどを踏まえて、営業担当はどのような提案を行えばよいかをケーススタディで学びます。

たとえば、最近、コロナ禍による在宅時間の増加や、円安、物価高騰などによって、家計の支出が増えています。こうした月々の家計支出に不安を抱えているお客さんに対して、営業担当はどのような提案をすればそうした不安を払拭できるか？

こうしたテーマ設定を行い、既存ケースを検討あるいは新規ケースを作成します。

④ ロールプレイング（7回）

実際の商談を想定したロールプレイングを行い、その模様をPCやスマホ、タブレットに録画・録音して振り返ります。

⑤ コーチングセッション（1回）

さまざまな課題を抽出し、教える側と教わる側がセッション（対話）を通して、目指すゴールのイメージを描きます。

このほか、営業力向上のための動画でフィードバックを行うクラウド・トレーニング・システムを活用した研修も行います。

DX人材の採用による業務の効率化

ロゴスでは、DX人材も積極的に採用しています。

DX支援によって現場はかなり変えられるはずです。

たとえば、商談の方法です。

ロゴスの場合、テレワークはかなり進んでいますが、お客さんとの商談は相変わらず対面が基本です。モデルハウスには営業がいて、お客さんが来場されるのをお待ちして、住宅や設備を案内し、ローンや設計について打ち合わせをします。

この昔ながらの営業スタイルを効率化できる部分はかなりあります。

設計について打ち合わせるのであれば、お客さんと営業スタッフと、フィリピンの設計センターにいる設計スタッフをオンラインでつないで話をすることもできるでしょう。

また、お客さんが最初にモデルハウスに来るときは、あえて営業担当は付けず、自由に見てもらうほうがいい場合もあります。

すでに、営業スタッフの常駐しないモデルハウスもオープンさせています。

お客さんの求めに応じて説明するコンシェルジュのようなスタッフはいますが、営業活動は一切しません。

必要な情報はお客さんがスマホでアクセスすれば取得できます。時代に合わせて、こうした新しいスタイルを創り出す必要があると思います。対面で行うプロセスの半分でもDXで効率化できるようになれば、時間と手間が大幅に削減できます。

それは、住宅の価格を押し下げる推進力にもなります。お客さんにとってもメリットが大きいのです。

「社員全員が経営者」というオーナーシップ

ロゴスでは「社員全員が経営者」という意識を持ってもらうことを重視しています。

オーナーシップとは「担当する業務を自分ごと化できる姿勢」です。

また、「当事者意識」のことでもあり、オーナーシップを身につければ、組織やチームなど会社全体に視野を広げながら、主体的にセルフマネジメントを行えるようになります。

これは仕事へのモチベーションを高めますし、社員エンゲージメントに強く影響を与えます。

こうしたオーナーシップ経営は、人的資本の最大化を実現するための重要なアクションです。

すでに従業員持株会も発足していて、全従業員の加入率は2024年4月末までで78％です。

これは単なる意識づけだけではありません。

ロゴスでは、ストックオプションも導入しています。

ストックオプションとは、株式会社に勤めている従業員が、あらかじめ決められた価格（権利行使価格）で自社の株式を取得する権利です。

近年、インセンティブ制度や福利厚生としてストックオプションを導入している企業は少なくありません。

たとえば、ストックオプションで、価格2000円で自社株を取得する権利を得たとしましょう。

その後、自社が上場した際に株価が3000円になったとしても、ストックオプションを与えられている社員は2000円で株式を購入することができます。

そして、さらに株価が上昇して4000円になったタイミングで売却すれば、2000円の利益を得ることができます。

こうしたストックオプションをうまく活用することで、会社を成長させることへの社員の意欲を高めることができます。

また、取引先の持ち株買取の仕組みとして「取引先グループ持株会」を作ることも準備中です。

取引先持株会によって、取引先との親睦関係の増進や取引関係の強化が期待できます。

これによって、取引先にもオーナーシップ経営の意識が芽生え、自社の成長を後押ししてくれるでしょう。

社員が成長する環境を用意するのが経営者の責任

経営者にはまず会社を成長させる責任があります。

会社を成長させなければ、新しい仕事に挑戦するチャンスを社員に作ってあげることはできません。

また、会社が成長しなければ、新卒で入社した社員は何年経っても下っ端のままです。

私が若い頃に勤めていた設計事務所では、代表である建築家の下で、ほとんどの社員はアシスタント的な仕事をしていました。

私は入社から数年が経ったころ、そろそろアシスタント的な仕事を卒業し、新しい仕事に挑戦したいと強く願うようになりました。

そこで、自分の実力を試そうと、設計事務所の社長に「社外の設計コンペに参加したい」と申し出ました。

すると、社長には「余計なことはするな！」と一喝され、いつもと同じ業務を続けるよう指示されました。

翌日、私はその会社を辞めました。

社員が成長できない、挑戦させてもらえない環境では、やる気のある社員は辞めてしまいます。

こうした自身の経験から、社員が成長する環境を整えることが企業にとっての生命線だと考えるようになりました。

経営者は、自分の会社に入社してくれた社員にチャレンジと成長の機会を与え、会社を大きくしていく責任があるのです。

4. ロゴス・オフショア・ストラテジー

東南アジアでの3Dプリンター住宅

現在、フィリピンの子会社でのオフショア事業は順調に進んでいます。

今、東南アジアで戸建て住宅を建てられる場所を探しています。

フィリピンには実際に建築しようと何か所か視察に行きました。

日本の住宅会社ですでに実施しているところもありますが、東南アジアでは価格が高いと売れません。

そこで、**3Dプリンターで住宅を建築して値段を安くする**ことを計画しています。

3Dプリンター住宅とは、強化繊維プラスチックやガラス繊維強化石膏、コンクリート、土などの材料を使って、建設用の大型の3Dプリンターで出力して建築する住宅のことです。

主に2つの工法があります。

1つは、工場であらかじめ住宅のパーツとなる部材を3Dプリンターで作り、それを現場に運んで組み立てる方法。もう1つは、現場に3Dプリンターを持ち込んで、その場で住宅のパーツを作って建築する方法です。

最大のメリットは建築費用が低価格に抑えられる点がまず挙げられます。

しかも、建設にかかる期間はわずか数日。最速で24時間以内に家を建てることも可能です。

日本では、耐震性や耐火性など建築基準法が定める強度を満たしていないため、簡単には導入できませんが、東南アジアであれば実現可能性が高いと思います。事実、フィリピンにはすでに3Dプリンター住宅と思われるような家が存在しています。ロゴスでは、3Dプリンターのコスト面との兼ね合いもあるので、現在は検討中の段階です。

実は、すでに日本のある3Dプリンターハウスのスタートアップ企業では、2023年に2人世帯向けの3Dプリンター住宅を竣工しました。

また、アメリカのテキサスでは、100棟の3Dプリンター住宅コミュニティの建設が進んでいます。

ほかにも、ヨーロッパや中東でも3Dプリンター住宅は着々と進んでおり、SDGsの観点からも世界的に注目が集まっています。

しかし、日本での課題は大きく3つあります。

①日本の建築基準法に準拠するための技術

②構造強度・耐火性・耐水性・断熱性を担保した快適性

③低価格

です。

日本では、3Dプリンター住宅事業が普及するにはまだ何十年もかかると思います。

まずは東南アジアを足がかりに、技術革新を待ちながら、来るべき時代に備えてノウハウを蓄積しようと考えています。

住宅業界の2024年問題を解決する「モジュール住宅」

以前、ドイツへ「モジュール住宅（モジュールハウス）」の視察に行きました。とても大きな衝撃を受けました。

モジュール住宅は、あらかじめ工場でコンテナサイズの鉄骨フレームをベースに箱を作り、内外装、家具、設備機器などを加工して組み立てた状態で、現場に運んで組み立てる住宅のことです。

大手ハウスメーカーの一部で、ユニット住宅として導入されているものに近い工法ですが、それは「鉄骨」で組み上がっているものを現地に持って行って組み立てるという方法です。

一方、私たちはこれを「木材」で組んだもので行っています。

この工法の最大のメリットは、大幅なコスト削減を実現できることです。

さらに、私たちが行っている木造モジュールは、設計において自由度が高いというアドバンテージもあります。

ドイツでは木造住宅の場合、ほとんどがモジュール化（部品化）されています。何よりも素晴らしいなと思ったのは、職人さんの働く環境です。涼しく、空調も効いた工場のなかで、しかも清潔に工事ができるのです。

日本の住宅業界では近年、職人（大工）さんの慢性的な人手不足が問題になっています。

有効求人倍率の推移を見ても、建設関連職種は高い数値を示しています。2023年の有効求人倍率は建設の職業で4・78倍、建設躯体工事の職業では9・71倍と人手不足が顕著です。

受注はできても大工さんがいない、現場監督がいない、基礎ができないという話も聞こえてきます。

1980年に93万人いた大工さんの数は、2015年には35万人、2020年には30万人、そして2030年には20万人になると言われています。

住宅着工も減ってはいますが、2000年から2015年の15年間の大工さんの年平均減少率は△4・2％と、住宅着工の減少スピードをはるかに上回っています。

加えて、大工さんの高齢化が職人不足を加速させています。

2020年時点で大工さんの42・9%が60歳以上で、年を追うごとに高齢化はますます深刻になっています。

さらに、2024年4月から働き方改革が本格化し、この人手不足に拍車がかかっています。

こうした住宅建設現場の問題を解決するためにも、モジュール住宅はぜひ取り組んでいくべき工法なのです。

ロゴスでも、工場用地を探し、作品を作ることを繰り返しながら、モジュール住宅の開発を進めてきました。

モジュール工場

日本ではまだまだ現場施工がほとんどです。

モジュール化すると、「自分の仕事がなくなってしまうのではないか？」という抵抗感を抱く職人さんも少なくありませんでした。

しかし、今までよりも働く環境が改善され、生産性が上がるといったメリットがあります。何よりも職人さんの手にするお金が増えます。

こういったことを丁寧に説明することで、職人さんに理解していただきました。

もう1つのメリットは、やはり「住宅の商品化」です。

一定のルールに基づき、一定の仕様で作っていくので、複雑な注文住宅は難しいのですが、一般のお客さんのニーズを満たす注文住宅であれば十分に対応可能です。

モジュール住宅の生産方式には大きく2通りあります。

1つは「ライン生産方式」です。

長所は大量生産に向いていて、生産スピードが早いことです。しかし、自由度が低いという短所があります。

一般的に、プレハブ住宅の工場はライン生産方式なので、規格化が進み、自由度は低くなっています。

もう1つが「セル・モジュール生産方式」です。

こちらは自由度が高く、多品種少量生産が可能で、完全自由設計のさまざまなデザインニーズに対応することができます。ただし、大量生産の場合はライン生産方式よりも生産スピードは遅くなります。

ロゴスでは、セル・モジュール方式を採用しており、自由度の高いプラン×工場生産による高品質・低コストを実現しています。

モジュール住宅の導入によって実現を目指すのは、「原価の20～30％の削減」と「工期の40～60％の短縮」です。

一般的な住宅建築の工程は、

〈設計・商談→契約・資材発注→基礎工事→現場工事〉です。

一方、ロゴスが採用しているモジュール住宅の工程は、
〈設計・商談↓契約・資材発注↓基礎工事＆モジュール加工↓現場工事〉となります。

この場合、まず「設計・商談」ではＤＸにより期間が短縮されています。次に、「基礎工事＆モジュール加工」のフェーズでは現場での基礎工事の間に工場でのモジュール制作を同時並行で進めることができます。さらに、「現場工事」は現場で積み上げるだけなので期間は短くなります。

結果的に、大幅な工期短縮と原価削減が実現できるというわけです。

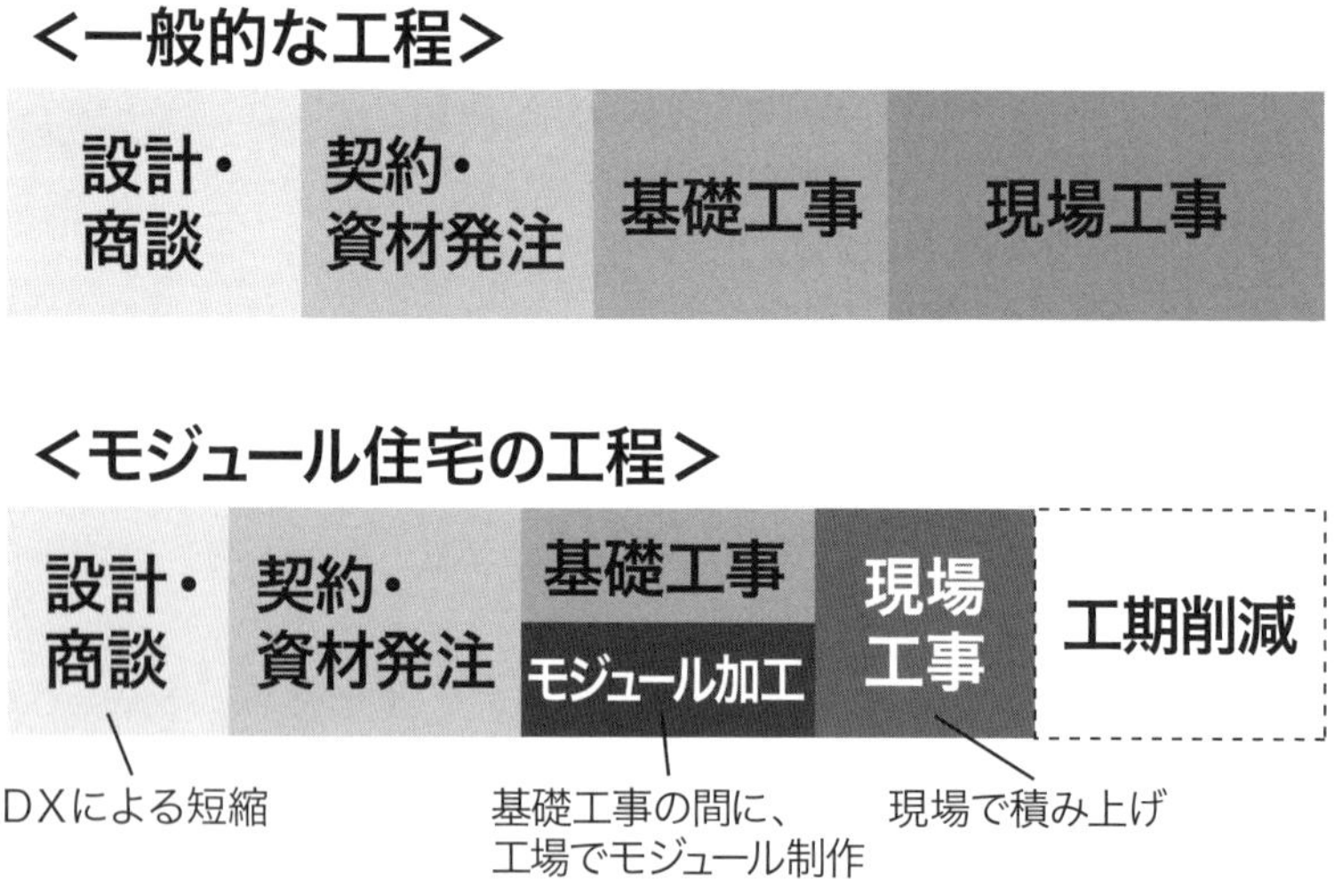

私たちが実施しているこのモジュール工法を「MCB工法」と名づけました。工場で作って（Manufacturing）、トラックで運んで（Carry）、現場で建てる（Build）の頭文字を略したものです。

MCB工法は現在、特許出願中です。

シリコンバレーのAmazonのモデルハウス

近年、さまざまな業界でAIが話題になっていますが、住宅業界においてもその技術を積極的に活用したIoT住宅、AI住宅というものが注目されています。

世界中でスマートホーム市場の規模も拡大しています。

かつて、アメリカ・カリフォルニア州のシリコンバレーに行ったときに、Amazonによる分譲住宅地を視察しました。

Amazonは住宅建設業者と提携して、全米にモデルハウスを展開していました。モデルハウスのなかにはアレクサ（AmazonのAI音声認識サービス）が導入されており、スマートホームを体験できました。

現在はＡＩ住宅といっても、家の一部がＡＩ化されているにすぎません。外出先からエアコンをつけたり、音声でカーテンが自動で開いたり、鍵を開け閉めしたりといった機能です。一部だけを音声で操作するより、結局は自分でボタンを押したほうが早かったりするので、実際はまだ効率が良いとは言えません。

ＡＩによって「家全体が賢くなる」ことが実現するまでにはあと10年ほどかかるかもしれません。

次世代住宅の到達点はまだ見えませんが、「スイッチやリモコンが家から一切なくなる」というのが1つの基準になるのではないでしょうか。

現在進められているのは、「家電の制御」「天気や交通情報」「監視カメラ確認」「鍵の施錠」「高齢者や子どもの見守り」などをスマートフォンなどの端末で行うシステムです。

声に出さなくても、人感センサーや生体認証（バイオメトリクス認証）などを活用して人間の行動を感知し、電気のＯＮ・ＯＦＦや温度調節などができるようになれば便利だと思います。

人感センサーによる照明はすでにありますが、人の動きに反応して機械が作動するというシステムが進化すれば完成となるでしょう。

ロゴスでも、「家からスイッチをなくす」というコンセプトの新しい形の住宅を現在開発中です。

第4章

日本の残された魅力・北海道の可能性

1. 日本最後のブランド「北海道」

温暖化による気候変動が地球規模で深刻化していることは皆さんご存知のとおりです。日本でも毎年、平均気温の上昇が問題になってきています。

そんななか、**北海道は「日本で最も快適に暮らせる場所」**として注目が集まっています。

半導体工場進出を機に千歳で進む大型宅地造成

現在、北海道の千歳市内で１００区画を超える宅地造成が進んでいます。

背景には、次世代半導体の国産化を目指す「ラピダス」が、千歳市に初の道内拠点を開発しているという事実があります。

２０２２年に設立されたラピダスは、トヨタ自動車やソニーグループなどが出資しており、経済産業省も半導体産業の活性化のために支援に乗り出しています。最近メディア等でもよく紹介されますが、熊本県では、半導体製造のグローバル企業誘致により、地域産業の活性化、グローバル化が進み、地域経済に大きな波及効果をもたらしました。

同様の地域振興が千歳市でも期待されています。ロゴスでも現在、ラピダスの近くに大型の土地造成を行っていて、２０２５年の夏には大規模分譲地として完成する予定です。

「道南杉」を活用した地材地消の家を

杉材は、古来から日本の建築に多用されてきました。そのなかでも、北海道南部に生育する道南杉は弾力性や断熱性に優れ、北海道の寒い冬を過ごすには最適な素材です。北海道で杉が育つのは道南だけです。

近年ではあまり使われなくなってきましたが、最近またその魅力が再認識されるようになっています。

地元の材料を地元で使う〝地材地消〟を進め、地域材をブランド化する意味でも、当社では道南杉を活用した住宅の建設を進めていきたいと考えています。

国産材を使うことは、環境のためにもコストの面でも有用です。木材は2021年に問題となった「ウッドショック」から完全には回復していません。

ウッドショックとは、コロナ禍で在宅勤務が増えたことによりアメリカや中国において新築住宅の需要が高まり、更に輸送コンテナの不足、感染拡大による林業・製材工場等の稼働率低下など複数の要因が重なって、木材価格が高騰した現象を指します。輸入材に頼る国内の住宅会社は、大きな影響を受けました。

日本は国土の3分の2を森林が占める森林大国ですが、国産材の利用が進んでいません。現在、国内の人工林の多くが木材として利用可能な50年生以上を迎えていますが、林業の採算悪化や働き手不足などの課題があります。

森林を伐採すると環境に悪いと思う方もいると思いますが、実は逆なのです。「伐って、使って、植えて、育てる」という森林資源の循環をさせることで、バランスのとれた森林になります。

積極的に国産材を使うことで、海外から輸入する際にかかる輸送エネルギーを減らし、多くの二酸化炭素排出を抑制することができます。

地域の除雪を請け負うサービスを提供

ロゴスの社員の家に行って驚いたことがあります。

家の前の道路がとても狭いのです。最近の住宅は以前より小さくなりましたが、土地が狭い上に車1、2台分の駐車スペースしかなく、家の前の道路もきわめて狭い。

「これでは雪が積もると大変だろうな」と思いましたが、毎週1回、排雪に来てくれるそうです。

ここにヒントを得て、ロゴスで家を建てた団地や造成地で、私たちが除雪や排雪まで請け負うというサービスを提供できないかと考えています。

その地域一帯が雪には悩まされているので、私たちのお客さんだけではなく、ご近所さんの分もできれば地域貢献にもつながるのではないかと思います。

2. 需要が高まるインバウンド事業

コロナ禍もひと段落し、インバウンド需要も回復基調にあります。

北海道でとくに訪日外国人に人気なのが、ニセコ、富良野エリアです。

ロゴスでは、このエリアをターゲットに、インバウンド事業への進出も準備中です。

民泊を活用したインバウンド住宅

現在、ロゴスでは民泊を活用した海外富裕層向けのコンドミニアムの展開を考えています。

まだ成約に至ってはいませんが、月に2～3件のお話しをいただいており、商談も進んでいます。

海外からの問い合わせもありますし、住宅・ビル建材会社や住宅設備機器メーカーといった企業からの紹介もあります。

さらに現在、ニセコでは外国人向けの飲食店が足りていません。

海外からインバウンドで来る方にとって、とくに日本のスナックは珍しいらしく、「日本文化を味わえる」と流行っていて、スナックツアーもあるようです。

ニセコでビジネスを行うのであれば、飲食店が入るような物件の展開も考えられるでしょう。

また、外国人富裕層向けの専用コンシェルジュの育成も手がけています。

まだ語学力など課題もありますが、お話はいただいているので、まずは中国語と英語のできる専用コンシェルジュの設置を検討しています。

スイスのプライベートバンクと提携した集客

インバウンドの延長線上に考えているのが、スイスのプライベートバンク（ＰＢ）と提携した集客装置です。

よく知られるところですが、スイスは個人資産保有高が世界トップクラスで、世界の富裕層の資産管理を行う金融サービスが盛んです。

なかでも特徴的なのが、富裕層向け金融サービスに特化したプライベートバンクです。

法人や個人に総合銀行サービスを提供する銀行（ユニバーサルバンク）に加え、個人向け富裕層資産管理専門のＰＢがたくさんあります。

こうしたＰＢ経由で富裕層のお客さんに、「今、ニセコが熱い！」と宣伝し、なおかつ「ニセコの住宅会社といえばロゴス」と打ち出して紹介していただこうと考えています。

ニセコにはハウスメーカーの店舗はありません。ですから、外国語に堪能なスタッフを配置した「ロゴス・ニセコ店」を出店することで、ＰＢとの提携も現実味を帯びてくると思います。

ロゴスでは、不動産業界に知識や経験があり、日本語、英語、中国語を扱えるスタッフを採用していく予定です。

不動産案内をセットにした北海道魅力満載ツアー

本州から、ゴルフ、釣り、ハンティングをしたいというお客さんがいらっしゃって案内することがあります。日本人や、日本語を話せる外国人などさまざまです。

そういった方々への、不動産案内をセットにした北海道魅力満載ツアーを計画しています。

ニセコ店がオープンした暁には、ぜひ実行したいと考えています。

ニセコや千歳などはこれからどんどん伸びていくエリアなので、私たちも注力していく予定です。

とはいえ、インバウンドビジネスはあくまでも事業の一部であり、本業はやはり「家づくり」です。コツコツと良い家を作る。結局それが利益面でも最も良いことだと実感しています。

3. 地方工務店へのDX支援によるイノベーション

地方工務店にとっては、今後ますます厳しい時代が続いていくと思います。人材も不足していきますし、集客もしにくくなっています。

そこで、ロゴスでは地方工務店に対してDX支援を行っていきます。

最終的には、地域一番の工務店の集合体を作っていくのが目的です。

EXIT支援を視野においたDX戦略

ロゴスがDX支援を行うことになったきっかけがあります。

それは、地域工務店の創業者へのEXIT（出口戦略）支援や事業承継のサポートを行いたいという思いからでした。

その1つは、創業者やファンドが株式の価値を高めてその売却によって利益を得ることです。

主な方法としては、株式公開（IPO）や株式譲渡（M&A）、経営陣による会社の買収（MBO）などがあります。

今、私と同年代で、地域で工務店を創業して20年ほど経って、「これから5年先、10年先に会社をどのようにしていこうか」と悩んでいる方が少なくありません。

その出口はなかなか見えません。

昔であれば、息子や娘が跡を継ぐということもありましたが、今の時代は零細企業の後継者になるという決断はなかなか荷が重いと思います。


創業者である社長が持っている最大の資産は、自身の会社の株式です。

それをキャッシュにするなど社長個人としての人生の〝ＥＸＩＴ〟と、かつ次の世代への事業承継をサポートしていけたら、と考えています。

そのためには、企業の価値を高める必要があります。

その１つの効果的な手段がＤＸです。

人手不足などビジネス環境の激変に対応し、競争力を高めて会社の優位性を確立するためには、データやデジタル技術を活用してビジネスモデルを変革することが必須です。

そのためのＤＸスキームが、すべての工程をオンラインで完結させる家づくりです。

移動時間をゼロにする

かつてロゴスホームは「北海道に本社がある注文住宅の会社」というイメージでした。

しかし、私は今、「**デジタルによるリモート建築を特色とした注文住宅の会社**」というキャッチコピーが広まってほしいと願っています。

リモート建築というのは、「離れた場所からでも家が作れる」ということです。

日本国内で北海道からいちばん遠い都道府県だと、20時間以上の移動時間がかかります。

私は、こうしたディスアドバンテージを解消して、移動時間や移動距離をゼロにしないと生産性の向上はできないと考えました。

そこで、オンラインで集客・営業をしたり、商談をしたり、施工したりと試行錯誤をくり返し、現在のリモート建築を実現しました。

これは北海道の住宅会社だからこその発想から生まれたものです。それがコロナ禍にも活きました。

住宅会社でオンラインを活用している会社はまだ多くはありません。さまざまな業界のなかで進むテレワークですが、建設・住宅業界での普及率はきわめて低いのが現実です。現場作業が多く、テレワークでは対応しにくいというのがその理由です。

しかし、ＩＴ機器やデバイス、クラウド環境などを整えることで、テレワークの導入は十分可能です。

業務細分化による効率的なＤＸオペレーション

ＤＸオペレーション普及のポイントは、「業務の細分化」によるオンライン・システムの構築です。

では、グループ企業・ルートリンクが主導してロゴスホールディングス全体で推進しているオンライン業務によるデジタル効率化の一端を紹介しましょう。

①オンライン集客&デジタルマーケティング

これまで住宅業界では、集客は担当者の属人的スキルに頼る営業によって行われてきました。

しかし前述したように、ロゴスでは集客はデジタルマーケティング、MA(マーケティング・オートメーション)によりマーケティング業務を自動化しています。

これは、獲得した新規顧客や見込み顧客の情報を一元管理し、顧客リストの作成やメール配信などある程度定型的なマーケティング施策を自動化・効率化することです。

現在は、インターネットやスマートフォンの普及で、顧客の情報収集のあり方が多様化しています。

住宅購入を考えている人は、Webサイトやレビューサイト、SNSなどを通じて、自分の必要な情報だけを得て、自分で比較検討を行っています。

そのなかで、彼らの意思決定を左右するのが「顧客体験」です。自分のために選ばれた情報が、必要なタイミングで提供されると、「ぜひ、あの住宅会社で家を建てたい」と考えるのです。

ロゴスでは、こうしてMAによって見込み客を育成することによって、モデルハウスへの来場者数、成約率が向上しました。

②オンライン顧客管理&インサイドセールス

顧客管理も基本的にオンライン上で行います。

とくに、顧客管理、営業支援に威力を発揮するのが、顧客管理プラットフォーム「セールスフォース」の住宅業界に特化した活用です。

セールスフォースの機能のポイントは、CRM(顧客情報管理システム)とSFA(営業業務支援システム)です。

CRMは、顧客情報や顧客との接点、担当者の対応履歴などを記録し、顧客情報を一元管理するものです。

SFAは、顧客情報管理機能に加え、商談のスタートから受注に至るまでの営業活動を見える化し、その活動を管理します。

また、さまざまな業種・業界で注目されている「インサイドセールス」を導入しています。

インサイドセールスというのは、顧客と顔を合わせずに、電話やメール、ビデオ会議、

SNSなどを通じて行う営業活動です。

これもセールスフォースの情報を活用して行います。

一般に工務店では、資料請求があったもののそのままフォローしていない、あるいはモデルハウスやイベントなどで相談を受けたけれどその後は放置している見込み客がたくさんいます。

インサイドセールスを行うと、こうした見込み客を集中的にフォローでき、そのなかから有望なアクティブ顧客を抽出することができます。

MAでは、たとえばロゴスのホームページを訪れた人や資料請求をした人の情報がシステムに登録され、どのページを何時何分に見たか、受け取ったメールをいつ開いたかなどが全部わかるようになっています。

ロゴスでは、追客のために、問い合わせから90秒以内に専門知識のあるスタッフが返信します。これによって質の高いアポイントメントにつなげられます。

お客さんは資料請求をしてすぐに返答がないと、他社へアプローチします。自社が1社目にならないと価値がないのです。

さらに現在、ＳＳＡＩの研究も始めています。

ＳＳＡＩというのは、サーバーサイド広告挿入（Server-Side Ad Insertion）といって、インターネット動画配信において動画広告を挿入する技術です。

ライブ配信の途中にサーバー側で動的な広告を挟み込み、テレビのような動画配信を行うことで、広告の視聴数を増やすことができると言われています。

③オンライン敷地調査

ＧＰＳ（衛星測位システム）を使って土地の測量ができるようになっています。計測したデータはオンラインサービスで提供します。

④オンライン設計

以前は提案資料を作成するために、膨大な設計業務をこなさなければなりませんでした。

現在ロゴスでは海外子会社（フィリピン）で提案書を作成しています。これによって、48時間以内というスピードで提案書を作ることができるようになっています。

⑤オンライン商談

商談も、かつてはインテリアコーディネーターが複数回にわたって対面での打ち合わせをしていました。

今では、インテリアコーディネーターがオンラインで対応して仕様を決定しています。遠隔地でもネットでつなげば十分に商談が可能です。

⑥オンライン施工

これはすでに紹介したMCB工法によるモジュール住宅です。

また、施工管理アプリを用いて、協力業者と情報を共有した上で工程管理を行っています。

⑦オンライン契約

契約にあたっては、契約書などを印刷・製本する手間がかかりました。印紙税も工務店側の負担です。

しかし現在では電子契約になりました。印刷・製本も印紙税も不要になっています。

⑧オンライン定期点検

住宅施工後の定期点検は、かつては担当者が直接訪問して行っていました。現在はオンライン定期点検にシフトしています。

今後は、屋根の点検などにドローンを取り入れるなどして点検の精度を高めていく予定です。

可能であれば、CADではなく、前述したBIM（Building Information Modeling）も導入したいと考えています。

CADは、CGパースなどを制作する際に作る3次元モデルです。

一方、BIMは、コンピューター上に作成した3Dの建物のデジタルモデルに、コストや仕上げ、管理情報などの属性データまでを追加した建築物のデータベースを、設計・施工から維持管理までのあらゆる工程で情報活用するためのソリューションです。

個人の住宅にはオーバースペックかもしれませんが、建築ビジネスにイノベーションを起こしつつある画期的なワークフローです。

こうしたさまざまな業務のオンライン化によるDXが進むことによって、競争力が飛躍的に高まります。

ちなみに、ロゴスでは「パソコンは20時シャットダウン」を徹底。残業時間の削減と生産性向上にも成功しています。

第5章

日本大変革後はロゴスの時代〈未来の家づくり〉

1. 環境にやさしい家づくりを

ロゴスのSDGs貢献とESG経営

近年、世界的に人々が持続的に人間らしく生きるための開発目標「ＳＤＧｓ」が広がりを見せています。

ロゴスホールディングスでもこれを積極的に支持し、貢献していきます。

また現在、〈Environment：環境、Social：社会、Governance：企業統治〉に配慮する経営を進めており、その一環として活動の旗印となるＥＳＧロゴマークを制定しました。

新しいロゴマークには、ＥＳＧの文字をあしらった緑の立方体を家に見立て、「**家づくりの向こうには環境にやさしい未来が待っている**」というメッセージを込めました。

また、「『従業員一人ひとりがESGという課題を胸に、ともに向上していこう』という想いが芽生えていること」を、ロゴスの事業と組み合わせて表現しています。

E・S・Gそれぞれの色を分けることで、それぞれの取り組みを推進していくという意味合いを込めるとともに、ロゴスホームのイメージカラーに沿った色合いにしました。

また、サステナビリティおよびESGを推進するための会議体「サステナビリティ委員会」を開催しています。

委員会の下部組織には部門横断型の分科会を設置し、ロゴスホールディングスが特定した重要課題ごとにKPI（数値目標）を策定し、その達成のための施策の検討やグループ全体の取り組みを推進しています。

以下、重要課題とKPIを紹介します。

①環境にやさしい社会の実現

・環境管理体制の構築・強化

・CO_2排出量

・再生可能エネルギー利用量
・モジュール住宅建設の推進
・次世代環境配慮型住宅の開発と普及促進
・ZEH販売率

②多様な人材が安心して活躍できる環境の整備

・女性管理職比率
・新卒採用女性比率
・障がい者雇用率
・ダイバーシティに関する研修の実施回数
・長時間労働者率
・テレワーク推進率
・人材定着率
・ESS（従業員満足度調査）の若手人材の満足度
・従業員のキャリア選択支援の充実

・スキル制度の構築

③地域社会への貢献

・OB感謝祭の参加人数（延べ人数）
・地域貢献活動に対する従業員の参画人数（延べ人数）
・グループ全体で地域貢献活動を推進するための仕組みづくり
・各拠点での主体的な地域貢献活動の新規実施件数
・新たな地域貢献活動に関連するニュースリリース数

④安全・安心な住環境の提供

・施工管理ツール活用率向上
・顧客への情報提供のDX化推進
・希望者に対するリモートサービス提供率
・全点検に占めるリモート実施率
・ホールディングス全体の品質の統一化と底上げ

・品質検査の評価点
・品質検査の業者評価システムの構築
・顧客満足度の向上

⑤ガバナンスの強化とコンプライアンスの推進
・ＥＳＧの取り組みに関する理解度調査
・ＥＳＧ活動や企業理念の体現活動の社内表彰
・内部通報制度に関する理解度調査
・コンプライアンス研修の受講率
・協力会社向けコンプライアンス理解浸透活動
・ガバナンス体制の強化

このほか、ロゴスでは現在、地域全体でのＳＤＧｓへの取り組みを活性化させるために、「ロゴスＳＤＧｓ認定企業」を申請しています。

他にも、働きがいに関する調査結果が一定水準を超えた企業を認定する「働きがい認定企業」、札幌市の子育て支援宣言企業にも名を連ね、「さっぽろ市民子育て支援企業」への申請も出しているところです。

マテリアルリサイクルを高める

ロゴスホールディングスでは、「マテリアルリサイクル」にも取り組んでいます。

これは文字どおり、マテリアル（物）からマテリアル（物）へ、つまり廃棄物を新たな製品の原料として再利用することです。

最近、リサイクル率85％以上の新素材のエコ断熱材であるマグ・イゾベール社のグラスウールを採用しました。これは、セルロースファイバー以上の高リサイクル率の内装材です。

マグ・イゾベールでは、リサイクルガラスを使用したグラスウールを製造しており、更に使用済みのグラスウールも再利用しています。リサイクル率が高い上に、断熱性能も高いのが特徴です。

従来から住宅建築に頻用されてきたウレタン（樹脂）は、解体の際に再利用ができません。

私は30年前から、

「ウレタン素材だけは良くない」

と訴え続けてきました。

木材は再利用できますが、ウレタンが含まれていると、その木材自体が再利用できなくなってしまいます。

ですから、解体した後はどうしようもないのです。

ウレタンパネルであれば取り外しできるのでまだ良いのですが、発泡ウレタンを使用するのは犯罪的と言っても過言ではないと思います。

ほかにも、コーヒー豆カスを再利用したリサイクル内装材や、卵の殻を利用したタイルなど、リサイクルできるものは何でも再利用していくという試みを進めています。
ロゴスでは、家を解体した後のことも考えて家づくりに取り組んでいます。

2. 未来を見すえた経営で地域貢献を目指す

内装を工務店に任せたモジュール住宅を販売

3Dユニットのモジュール住宅をネット販売することも考えています。また、出品を検討している段階です。

積水ハウスがパートナー企業（工務店）と展開している「SIコラボレーション」という取り組みがあります。

これは、木造住宅のスケルトン部分（基礎・構造躯体）を積水ハウスグループが設計・

施工して工務店に提供し、工務店はインフィル部分（外装・内装・設備）を施工してお客さんに販売するというものです。

ロゴスの3Dユニットはモジュールでの納品です。そこで、内装は工務店にお任せするという事業を計画しています。

このモジュールをネットで販売することも模索中です。

実は、能登半島地震の際にも、ロゴスからのモジュール住宅の提供を考えました。しかし、実際に採用された会社のモジュールはトレーラーで運搬できるものだったのに対し、ロゴスのものはトレーラーでは運べません。そのため、残念ながら、提供は見合わせることになりました。

ここは改善の余地があります。モジュールの箱さえ持っていくことができれば、どこでも活用できます。トイレなどを付けた状態で持っていくことができるかどうかも課題です。

日本は災害が多いので「災害用ユニット」が必要です。災害用ではなくても、庭先の離れ用として1箱600万円程度でシャワー、トイレ、簡単なキッチンが付いているユニットを開発中です。

クオリティもビジネスホテルと同等の居住性のものが作れるのではないかと思います。

これを1ユニットとして、2つ、3つと連結できれば理想です。

これが実用化できれば、災害用としても離れ用としても設置することができるので画期的だと思います。

モジュールならではの商品も今後作っていく予定です。モジュールの特徴である四角い家で、650万円程度で販売できれば3Dプリンターで作る住宅よりも安価でできます。

新しい住宅ローンの組み方の提案

今の時代、自動車は「残価設定（残存価格設定）ローン」で購入します。

残存価格というのは、将来車を乗り換える時点での下取り価格です。

残価設定ローンとは、あらかじめ将来の下取り価格を設定して、車両価格から下取り価格（残価）を差し引いた金額に対してローンを組む方法です。

残価の支払いを最終回まで据え置くことで、月々の返済額を抑えるというメリットがあります。


住宅も同じようなローンの組み方にできれば理想的ではないかと思います。

三菱ＵＦＪ銀行では２０２３年にこの「残価設定型住宅ローン」の取り扱いを始めました。

これは、住宅を売却し、資産として残さないことを前提にするので、月々の返済額が少なくて済みます。

残価設定型住宅ローンは、指定した期間を迎えると、「毎月返済額を軽減するか」「残高と同額で売却するか」の２つの選択肢から選ぶことができます。

車とは違い、ほとんどの方が家は一生住むつもりで買うので、残価設定という買い方は一般に主流ではありません。

そこで提案したいのが、くり返し述べている「ライフステージという考え方での家づくり」です。

私は、ライフステージによっての住み替えという視点で、日本の家づくりがシフトチェンジしていく必要があると考えています。

障がい者グループホーム向け住宅「ノマリス」

グループ企業「ギャラリーハウス」では現在、障がい者向けの新築グループホーム「NOMARIS（ノマリス）」を展開しています。

ノマリスというのは、福祉世界一のデンマーク発祥で福祉の世界的理念〈ノーマライゼーション〉と場所〈プレイス〉を合わせた造語です。

障がい者グループホームに必要な機能を整えつつ、暮らす人・働く人ともに気持ちの良い「家」を提供します。

障がい者グループホームの需要は年々拡大しており、社会的にも重要な役割を期待されています。

この事業は、投資家に建物を建ててもらい、別会社が運営するという形態です。

また、土地・不動産をお持ちの方はこのグループホーム事業に参入し、土地活用・不動産投資を行うことで社会貢献をすることができます。

ギャラリーハウスではこの事業をパッケージ化して展開しています。

大手ゼネコンが作る大きな箱ではなく、住宅の延長で木造でも建てられる20部屋程度の小規模なものです。

ですから、低コストで建てることができますし、地主さんや賃貸アパートなどを持っている方が土地・不動産を有効活用することができます。

資金の少ない運営事業者でも参入しやすいというメリットがあります。

ただし、補助金事業ですから、「信用」と「社会貢献への高い意識」が求められることは言うまでもありません。

住宅会社の経営者に「企業の所有と経営の分離」を提案

ロゴスではM&Aの戦略も積極的に進めています。

そのなかで、「企業の所有と経営の分離」ということを経営者にご提案しています。

私は以前から、企業の所有と経営は分離したほうがいいと考えていました。

住宅会社の経営者が企業の所有と経営の両方を負うことのデメリットは3つあります。

まず、経営者にとってリスクが高いということです。

ほとんどの経営者にとって個人と会社はイコールです。会社が傾けば個人へのダメージも大きく、個人がダメになれば会社もおかしくなってしまいます。

2つめの理由は、事業承継がしづらいということです。

経営者は誰もが、自分が携わり成長させてきた事業を次の世代に引き継ぎたいと考えています。

しかし、実際に自分が会社を所有したままの状態だと、自社の幹部や自分の子どもに経営を譲ったとしても、完全にその会社の責任を委ねるわけにはいきません。ついつい口を挟みたくなってしまうでしょう。

自分が会社の株式を所有したままだと、経営を譲っても、本当の意味で事業承継するのは難しいと思います。所有したままでは責任がついて回りますから、完全に譲ったという状況にはなりません。

3つめはマネタイズです。

創業者、経営者にとっていちばんの資産は何かというと、やはり自分が経営している会社の株式だと思います。

それをどこかのタイミングでキャッシュに替えないと、その後の人生の計画が描けません。

ですから、私が考えているのは、所有と経営を分離して、企業のさらなる成長を目指すべきではないかということです。

実際に私たちは、すでに所有と経営の分離を行いました。その手法を住宅会社の経営者の方々にご提案させていただいています。

「池P」が思う経営哲学について

さて、そろそろ本書も終わりに近づいてきました。

ここで「経営」ということに対する個人的な思いをつぶやかせてください。


私は常に有言実行を重視してきました。

私の座右の銘は「リーダーシップ」です。

これはビジネスを行う上で最も大切なことだと思っています。

頭の良い人や優れた事業計画を立てることのできる人はそれなりにいます。しかし、たとえ100点満点ではなくとも、その計画を「実行まで持っていける」「形にして走らせるパワーを持っている」という人は少ないと感じます。

毎年、何十社かの方々がロゴスへ視察にきて、経営について相談を受けます。

しかし、さまざまなアドバイスを行っても、最終的にそれを実行するまでに至る人はほとんどいませんでした。

そういう意味では、手前味噌になりますが、私はいろいろなところへ行って、多くを吸収して、すぐに実行するということを意識して行っていると自負しています。

私たちがさらなる成長を果たすためには、もっともっと家を売らなければなりません。

これからの課題としては、住宅に多くの付加価値を与えることだと感じています。前述したＩＰビジネスを強化することもその１つです。

そして、経営者としては会社のＰＥＲ（株価収益率）を上げていくことも大きな責任だと考えています。

たったひとつの想いをカタチに――Yさんの書斎

最後に、とても感動的なあるドラマを紹介したいと思います。

それは、ロゴスホームがYouTubeにアップしている「Yさんの書斎」というエピソードです。


これはロゴスホームを創業した当時、私が「大切にすべき想い」を深く考えるきっかけとなった、実話に基づいたお客さんのストーリーです。


始まりは、たまたま私が電話を受けたYさん（男性）からの「帯広に家を建てたい」という相談です。

それは姉夫婦と一緒に暮らす家を建てたいという依頼でした。

まだ若かった私は、深い思慮もなく、単純にこう思いました。

「親子の二世帯住宅でも大変なのに、姉夫婦と住む家を建てて、はたしてうまくいくのだろうか？」

Yさんは当時、東京に住んでいました。奥さんが帯広出身で、その姉夫婦が帯広に住んでいるとのことでした。

私は打ち合わせのたびに東京と帯広を往復しましたが、遠く離れた場所で、それぞれの意見をすり合わせるのは大変でした。

しかも、Yさんからは「工事は3か月以内に終わらせてほしい」と頼まれました。

さらに、設計の提案後も、毎日のように電話がきて、「基礎のコンクリートの強度はどうなっていますか?」「もっと生活動線は良くできないですか?」などかなり専門的で細かい質問や指摘をしてくるのです。

そんなYさん自身の1つの要望は、「小さくてもいいから、僕の書斎を作ってほしい」というものでした。

こうして、工期や予算をなんとかやりくりし、やっとの思いでYさん宅の完成にこぎつけました。

そして、家の引き渡し後にYさんと会った際、こんな会話を交わしました。

「本当にありがとう。細かい注文ばかりで気を悪くしたんじゃないですか?」

「そんなことはありません。それにしても、ずいぶん家づくりの勉強をされたのですね」

「いやあ……。でも、おかげで本当に良い家ができました。感謝しています」


それから、2年後のことです。

Yさんの奥さんから久しぶりに電話をいただきました。

「その後、いかがですか?」

「楽しく過ごしていますよ。……主人はいなくなっちゃいましたけど」

「え?」

私は絶句しました。


そして、ほどなくして、私はYさん宅へご焼香に向かいました。

「驚きました」

「主人はこの家を建てると決まったときに、がんだと宣告されました。黙っていてごめんなさい。生前、無理なことを言ったと思いますけど、主人なりにいろいろ勉強していたみたいで。あ、書斎を見ていかれますか?」

モノが少なく、整理整頓の行き届いたその書斎は、まるでYさんの人柄をそのまま映し出しているかのようでした。

奥さんは「主人には絶対に見るなと言われていたんですけど」と前置きして、書斎の棚に大切そうに保管されていた1冊の書類を見せてくれました。

それは、私たちがまとめた設計提案書でした。

そこにはたくさんの付箋が貼られ、わが家に対する切なる望みがびっしりと書き込まれていました。

奥さんは深々と頭を下げて、「おかげさまで快適に過ごせています」とおっしゃいました。

残される大切な妻の幸せな暮らしのために――。

それが、Yさんの家づくりのすべてでした。

私たちの仕事は家を作ることです。

でも、本当に作っているのは、家というハコではなく、「家族を幸せにしたい」というお客さんの気持ちなのです。

〝普通の家〟なんて存在しません。どんな家でも、「家族のために」という温かい気持ちがたくさん詰まった「世界にひとつだけの家」なのです。

このYさんのエピソードのなかには、「家づくりにおいて何が大切か？」というロゴスホールディングスの企業理念の本質があります。

そこに住む人の想いを大切にしたい。

それが私たちの家づくりの原点です。

おわりに

全国のホームビルダーと提携したプラットフォームへ

本書を最後までお読みいただきまして、本当にありがとうございました。

現在、私たちロゴスホールディングスが目指しているのは、「家づくり」を通した日本全国の地方都市の再生です。

そのための最大の鍵となるのは、地域の工務店の活性化です。

「家を建てよう！」と思い立ったとき、多くの人たちは、自分の住むエリア、気候、地域特性を知り尽くし、それに合わせた住宅を提供している地元工務店に任せたいと考えるのではないかと思います。

日本全国には約3万社もの地方工務店があると言われています。そして、各地域の多くの工務店が高い技術と家づくりへの確固たる信念、プライドを持って仕事をしています。

そうした地域に根ざし、素晴らしい住宅を提供している会社がその地域でお客さんに圧倒的に支持され、住宅・不動産業界の主役になれるような時代が来てほしい。
それが私の願いです。

しかし、少子高齢化による市場縮小など、住宅業界を取り巻く環境は厳しさを増しています。資材の高騰、職人不足、事業承継の問題、住宅関連の法改正など、課題は山積しています。

こういった問題にひとつの会社だけで対応するのはきわめて難しいでしょう。

そこで、私たちが進めようとしているのが、全国の地域ナンバーワンの地場工務店との提携による事業の「プラットフォーム化」です。

各会社の管理部門の統合、資材調達やノウハウの共有、設計の均質化、人材採用などをグループ全体として実行できれば、事業は大きく効率化されます。

これまで私たちが培ってきたデジタルを駆使した家づくりのノウハウなどを地方の工務店に提供して、ともに成長し、ひとつの集合体として地域活性化につながる住宅づくりに取り組んでいきたいと考えています。

こうした体制の構築は「幸せな家」を求めるお客さんの安心にもつながります。

昨今の状況を見ると、どれほど実績のあるハウスメーカーでも10年先に存続しているかどうかは誰にもわかりません。

家は20年、30年と残る商品であり、お客さんと住宅会社の関係も長く続きます。その関係が10年先も保たれるという保証がないのは、お客さんにとって大きな不安材料になります。

ホールディングスの仲間になることで、その安心は確かなものになります。

現在、ロゴスホールディングスは5社による体制ですが、近い将来、このグループ企業を10社以上に増やしたいと考えています。

そのためには、まずは自社を成功させなければなりません。

プラットフォームの〝足場〟をしっかりと固めておく必要があります。

私たちは、次なる目標として、２０３０年までにグループ企業全体で５０００棟の供給を目指しています。

地域特化型ビルダーが支持される世界を実現するために、自分たちが先頭に立って道を創っていきたい。

今、私はこうした強い決意を固めています。

ロゴスホールディングスのコンセプトに共鳴していただける仲間たちが、全国に一社でも一人でも増えてくれたら、それは私たちにとって最高の幸せです。

株式会社ロゴスホールディングス代表取締役社長　池田雄一

著者プロフィール

池田 雄一（いけだ ゆういち）

1967年北海道帯広市生まれ。一級建築士。個人設計事務所での勤務を経て、大手ハウスメーカーに転職。設計担当者として数多くの住宅に携わった後、創業メンバーとして、ロゴスホームの経営に参画し、2006年から2021年まで代表取締役。現在は、ロゴスホーム、豊栄建設、ギャラリーハウス、ルートリンク、LCOを束ねる株式会社ロゴスホールディングスの代表取締役社長を務める。ロゴスホームは、創業から僅か7年で年間着工数100棟を突破。その後も順調に成長を続け、直近決算期はグループ全体で1,000棟を超える。2024年6月、東証グロース市場に新規上場。

地方工務店《ちほうこうむてん》の逆襲《ぎゃくしゅう》

2024年7月1日　初版第1刷発行
著　者　池田雄一
発行者　友村太郎
発行所　知道出版
〒101-0051 東京都千代田区神田神保町1-11-2
天下一第二ビル3F
TEL 03-5282-3185　FAX 03-5282-3186
http://www.chido.co.jp
印　刷　ルナテック

ISBN978-4-88664-370-4